II. Leben und Werk
Travel--City to City & Abroad
Getting Around at the Airport (Speaking)
Ziel:
Unterhalten Sie sich mit einem Freund, der Näheres über Ihre Australienreise erfahren will. Sie sind Ben, und das Gespräch findet am Flughafen statt.
Hello Ben. Where are you going?
The plane is boarding now.
I'm going to Australia.
I'm going on flight 129.
ÜBERSICHT
NAVIGATION
PAUSE
HILFE
DETAIL
Hauptmenü
Zurück
Suchen
Link
Verlauf
Index
Lexikon
Album
Internet
Addition und Subtraktion gehören zusammen
1222
182
1234
1219
173
127
Berechne horizontal und vertikal die Ergebnisse
esc
ok
dnung von Trittspuren
Untersuche die Schneedecke des nächtlichen Waldbodens mit der Taschenlampe, indem du den Lichtkegel verschiebst. Wenn du eine Spur findest, wähle das dazu passende Tier aus!

MIT kindern LEBEN

HERAUSGEGEBEN VON BERNHARD SCHÖN
UND BERND GOTTWALD

ZU DIESEM BUCH

Feibels Bewertungen geben Orientierung: Ein Programm mit fünf oder sechs Büffeln können Lehrer und Schüler getrost für den Unterricht nutzen – und Eltern ihren Kindern als empfehlenswerten Lerntrainer schenken. Das erfolgreiche Konzept aus dem Bestseller «Der Kinder-Software-Ratgeber» für den Bereich Lern-Software: von über 50 Lehrern und Schülern auf Praxistauglichkeit getestet.

DER AUTOR

Thomas Feibel ist Deutschlands bekanntester Journalist, wenn es um Kinder und Computer geht. Er schreibt – zum Teil seit 1995 – für Spiegel, Focus, Die Zeit, Süddeutsche, c't, Frankfurter Rundschau, Spielen und Lernen und viele andere. Zu den Themen Kinder- und Lern-Software hält er zahlreiche Vorträge und Fortbildungen. Er ist häufiger Gast bei Rundfunk und Fernsehen.

Bei rororo «Mit Kindern leben» bereits erschienen: «Der Kinder-Software-Ratgeber. Die besten Multimediaprodukte für Spiel, Spaß und Kreativität. Mit CD-ROM» (rororo Nr. 60983). Neben mehreren Kinderbüchern hat Feibel 2001 bei Langen Müller den Titel «Die Internet-Generation» veröffentlicht.

THOMAS FEIBEL

DIE BESTE LERN-SOFTWARE

Alle Wissensgebiete • Von Schülern getestet • Von Lehrern empfohlen

Mitarbeit Maren Steinhoff

Rowohlt Taschenbuch Verlag

rororo Mit Kindern leben
und

die **Deutsche Liga**
für das Kind

Partnerschaft für Eltern, Kinder und Familie

Originalausgabe
Veröffentlicht im Rowohlt Taschenbuch Verlag
GmbH, Reinbek bei Hamburg, September 2002

Redaktion Bernhard Schön
Umschlaggestaltung any.way, Barbara Hanke /
Cordula Schmidt (Foto: getty Images)
Satz Photina MT und Meta PostScript
Reihengestaltung Christine Lohmann
Gesamtherstellung Clausen & Bosse, Leck
Printed in Germany
ISBN 3 499 60989 4

Die Schreibweise entspricht
den Regeln der neuen Rechtschreibung.

Inhalt

Kapitel 4 | *Gesellschaft* 98

Kapitel 5 | *Kunst, Musik* 124

Kapitel 6 | *Mathematik* 138

Kapitel 7 | *Naturwissenschaften* 160

Biologie

Chemie

Computertechnik

Kapitel 8 | *Fachübergreifend 184*

Lexika

Anhang

Vorwort

Lern-Software macht schlau und bessere Noten. Behaupten jedenfalls die Multimedia-Verlage. Aber stimmt das auch?

Um dies zu beantworten, hat ein Stab von Lehrern, Pädagogen und anderen Fachleuten nicht nur die aktuelle Jahresproduktion, sondern auch einige ältere, immer noch verlegte Titel unter die Lupe genommen und sie mit Kindern in der Schule und Vorschule getestet. Infrage kam nur reine Lern-Software. Ob multimedial raffiniert oder einfach gehalten, blieb bei der Auswahl zweitrangig. Allerdings ging es nicht allein um Inhalt, sondern auch um Einsatzmöglichkeiten: Taugt der Titel *Bioscopia* auch für den Unterricht; und wenn ja, kann er den Schüler über einen längeren Zeitraum fesseln? Neben Aspekten wie problemloser Installation und gelungener Benutzerführung war besonders die didaktische Komponente, die Fehlerkontrolle und die mediengerechte Umsetzung des Inhaltes, der natürlich fachgerecht sein muss, für die Bewertung ausschlaggebend.

In unserer Zusammenarbeit erlebten wir Lehrer und Schüler aus Berlin, Baden (Schweiz), Bielefeld, Frankfurt, Gießen, Hamm, Herford, Hiddenhausen, Karlsruhe, Rendsburg, Straelen, Telgte und anderen Städten als sehr test-, kritik- und entscheidungsfreudig. Mit Engagement und Kompetenz widerlegen sie die Werbesprüche der Anbieter oder bezeugen Respekt vor hervorragenden Titeln. Denn: Neben einigen sehr positiven Beispielen sind uns leider auch Programme begegnet, die in keinem CD-ROM-Laufwerk ihren Platz finden sollten. Da werden wiederholt Wörter falsch geschrieben, Aufgaben entgegen allen didaktischen Grundsätzen angegangen, oder es wird penetrant Werbung eingeblendet. Zwei oder gar nur ein Büffel sind der Lohn …

Einiges hat sich in den letzten Jahren in der Schule verändert. Mittlerweile sind rund 34 000 Schulen ans Netz angeschlossen, und Fortbildung wird fast schon zum Nebenjob. Viele Vorurteile sind verschwunden: CD-ROMs lösen keine Bücher ab, und Lern-Software nimmt lediglich einen Teil des Lernnachmittags ein. Medienkompetenz ist nur eine Kompetenz unter ganz vielen. Und ganz wichtig: Nach wie vor sind Eltern, Lehrer und Nachhilfelehrer gefragt, denn auch die beste Software befreit den Schüler nicht vom Lernen.

Wir sehen unsere Aufgabe darin, einen Überblick zu verschaffen und die Software zu bewerten. Denn längst ist nicht alles Gold, was glänzt.

Als Trend lässt sich zweierlei festhalten: Die Qualität von Lern-Software hat in den letzten Jahren erheblich zugenommen, und mit der Einführung des Euro wurden die Produkte, wenn auch geringfügig, teurer.

Maren Steinhoff (maren@feibel.de)
Thomas Feibel (tom@feibel.de)

Legende

Bewertung

Die Skala der Bewertungen reicht von einem bis sechs Büffel.

ausgezeichnet

gut

in Ordnung

geht so

lieber nicht

daneben

Alter

Dabei handelt es sich meist um die Angaben der Hersteller. Entsprechen sie nicht unserer Einschätzung, geht dies aus der Rezension hervor. Natürlich sind die Altersangaben nur als Orientierungspunkte zu verstehen.

Anbieter

Anschrift sowie Telefon- und Faxnummer der Hersteller finden sich neben E-Mail-Adresse und URL im Anbieterverzeichnis am Ende des Buches.

Preis

Wir nennen die unverbindliche Preisempfehlung der Anbieter für Einzelplatzlizenzen (Nutzung an einem einzigen Computer). Die Nutzung in einem Schulnetzwerk (so denn möglich) erfordert in den meisten Fällen spezielle Lizenzen, die deutlich teurer sind. Gleiches gilt für Schullizenzen.

Genre

Die Programme sind verschiedenen Kategorien mit unterschiedlichen Zielsetzungen zuzuordnen. Mit einer Übungs-Software beispielsweise kann Gelerntes gefestigt werden, ohne dass multimediale Elemente den Nutzer ablenken. Eine Lernspiel-Software hingegen setzt eher auf spielerische Anreize, um Stoff zu vermitteln. Die Übergänge zwischen den einzelnen Genres sind fließend, sodass unsere Einordnungen lediglich der Orientierung dienen.

Systemvoraussetzungen

Die Werte entsprechen den von den Herstellern als Mindestvoraussetzungen angegebenen. Da alle getesteten Programme auf CD-ROM vorliegen, ist in jedem Fall ein solches Laufwerk nötig. Ebenso sollte der Rechner über eine Soundkarte verfügen. Bei Sprachenlern-Software ist zudem häufig ein Mikrophon erforderlich.

Auf die Kompatibilität mit Mac wird in den entsprechenden Fällen hingewiesen.

Vor dem Kauf eines Programms sollten Sie sich im Fachhandel oder auf den Webseiten der Hersteller noch einmal über die Systemvoraussetzungen informieren.

Reihentitel

Viele der Programme liegen für verschiedene Klassenstufen oder Fächer vor. Der Aufbau der einzelnen Titel innerhalb einer Reihe ähnelt sich im Allgemeinen. Diese sind also in der Qualität häufig miteinander vergleichbar. Aus diesem Grund wird am Ende der Rezension kurz auf weitere Reihentitel – aufgeführt im Anhang – verwiesen.

Kontakt

Über Anregungen und Kritik freuen wir uns unter post@feibel.de. Haben Sie Fragen oder Interesse daran, sich an den Softwaretests zu beteiligen, können Sie ebenfalls gerne Kontakt zu uns aufnehmen.

Webseite

Ein umfangreiches Archiv an Rezensionen zu Kinder- und Lern-Software und regelmäßig wechselnde aktuelle Besprechungen finden Sie auf unserer Webseite (www.feibel.de). Surfen Sie doch mal vorbei und werfen Sie einen Blick auf die News. Sie können uns dort auch Ihre eigenen Erfahrungen zu jeder Software mitteilen.

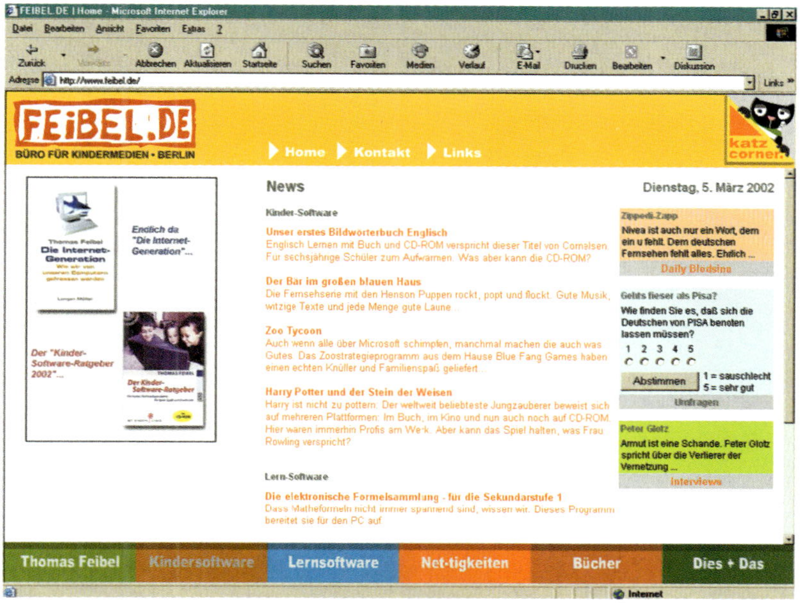

Dank

Unser Dank gilt den beteiligten Testern. Ohne dieses Autorenteam wäre der Lern-Software-Ratgeber nicht zu realisieren:

Andreas Borrmann, Angelika Borrmann, Birte Koch, Carolin Schmid, Christian Schubert, Daniela Feser, Dr. Dorothee Höfert, Eleonore Beinghaus, Frauke Ritterhoff, Gebhard Klusemann, Gondel Steinhoff-Lassen, Holger Jahn, Jörg Maruschke, Jörg Ritterhoff, Klaus Taege, Jörg Schumacher, Jürgen Wingert, Leonie Jahn, Lisa Borrmann, Lothar Samide, Manfred Salden, Martin Wuttke, Martina Gutge, Dr. Peter Jaklin, Rainer Gerdzen, Reinhard Althoff, Rita Breunig, Rosemarie Wendt, Silvia Kruse, Susanne Onnen, Tanja Burkart-Schäfer, Thomas Albert, Tobias Borrmann, Ulrike Fenger-Cichon, Ulrike Taege, Ute Moerbel, Verena Vollmer, Werner Schweizer.

Sven Dolling und Marlies Schiller gebührt ebenfalls ein herzliches Dankeschön.

Und wir möchten uns bei den Presseabteilungen der Verlage bedanken, die immer ein offenes Ohr für unsere Fragen hatten.

Kapitel 1 | *Vorschule*

ADDY Buschu – Auf dem Lande

Mit *Addy Buschu* legt Vivendi Universal erstmalig eine Software aus der Addy-Reihe für die Allerkleinsten ab zwei Jahren vor. Zweijährige an den PC? Das ist sehr früh; gut, dass das Programm auch für die etwas Älteren noch interessant ist.

Nach der Installation empfangen Addy Buschu, Lilli und der Affe Coco das Kind. Coco kommt ihm immer und überall zu Hilfe. Lilli tritt nur bei Aktivitäten im Freien in Erscheinung.

Der Spieler wählt zwischen drei Schwierigkeitsgraden. Hier muss ein Erwachsener sicher mithelfen. Auch suchen die Kinder zu Beginn ihre eigene Spielfigur aus, um dann jederzeit wieder beim angefangenen Spiel weitermachen zu können. Beim ersten und zweiten Einloggen sollte auch hier ein Erwachsener das Kind unterstützen. Gut, dass das Benutzerhandbuch für die Eltern sehr gut strukturiert und hilfreich ist.

Addy Buschu lebt in einem fliegenden Haus, mit dem er auf Entdeckerreise geht. In dem Programm stecken viele Überraschungen: fünf interaktive Geschichten, Kinderlieder zum Mitsingen, ein Malbuch, Puzzles und ein Geräusche-Quiz. Das Geräusche-Quiz gefiel den Kindern besonders gut. Sie bleiben lange dabei, um Geräusche und Bilder in Zusammenhang zu bringen. Zum Maustraining eignet sich das Puzzle-Spiel. Klicken – ziehen – ablegen. So erlernt das Kind schon früh den Umgang mit der Maus. Ebenso beim Schildkrötenspiel. Dort muss das Schildkrötenbaby mit der Maus über einen Parcours zu seiner Mama gezogen werden.

Draußen im Freien wartet Lilli. Wenn das Kind dort spielt, führt es sieben verschiedene Aktivitäten rund um Farben, Formen und einfaches Zählen aus. Alle diese Spiele sind klar aufgebaut. Elementare Fähigkeiten wie das Sortieren von Gegenständen nach Anzahl oder Farbe werden hier spielerisch geübt. So muss die richtige Anzahl bunter Fische in einen Eimer befördert oder ein Schloss durch Klick auf passende Dreiecke oder Quadrate geöffnet werden.

In der Entdecker-Werkstatt kann das Kind wahlweise Tastatur oder Maus benutzen, um Aufgaben zu lösen. Die Lern-Werkstatt umfasst drei Schwierigkeitsgrade. Nachdem diese abgearbeitet sind, erreicht das Kind die Probier-Werkstatt, die schwierigere Aufgaben stellt.

Feedback gibt das Programm motivierend lobend. Kommt das Kind bei einer Aufgabe nicht weiter, hilft Addy, sodass es nicht frustriert wird. Der Spieler kann jederzeit aus dem Programm aussteigen. Die Sprache ist eher den Bedürfnissen eines Vierjährigen angepasst.

Weitere Titel aus dieser Reihe: siehe Anhang

Fazit des Lehrers

Ein sehr gut einsetzbares Programm für Vorschulkinder, die die ersten Erfahrungen am Computer sammeln. Die Aufgaben werden klar gestellt, und das Feedback auf die Antworten kommt sofort und dem Alter des Kindes angepasst. Wenn Computer in dem Alter, dann hiermit!

Fazit des Kindes

Ich finde Coco sehr lustig.

Alter von 2 bis 4
Schulstufe Vorschule
Anbieter Vivendi Universal
Genre Lernspiel-Software
Preis 24,95 €
ISBN 2-84226-428-2
PC Pentium 133 MHz; 32 MB RAM; 70 MB HDD; SVGA-Grafikkarte (800 * 600) mit 24-Bit (High Color); Win 95, 98
ja

Teletubbies – Spielekiste & Spiel mit den Teletubbies (100 % Kids)

Diese beiden CD-ROMs kommen im Doppelpack und sind für Kinder ab zwei Jahren gedacht.

Bei den vorliegenden Exemplaren waren durchweg die Label der CD-ROMs vertauscht. Auch die Installation lief nicht immer reibungslos – Acrobat und Quicktime 3.0 müssen, falls noch nicht auf dem PC, mitinstalliert werden, sollen die Videosequenzen nicht unterbrochen und der Ton erhalten bleiben. Bei der Installation von Quicktime kommt erschwerend hinzu, dass die Installationsanweisungen in Englisch verfasst sind. Für Kinder ab zwei sind diese Aufgaben natürlich nicht zu bewältigen – Eltern mit an den Rechner!

Trotz der anfänglichen Schwierigkeiten zeigten sich die Junior-Tester erstaunlich begeistert. Für Erwachsene schwer nachzuvollziehen ... aber so ist es ja um den ganzen Teletubbie-Trubel bestellt.

Die Kinder befinden sich bei der *Spielekiste* überwiegend in der Beobachterposition, was für Zweijährige auch völlig in Ordnung ist: Das Spielgeschehen ist durch Bewegen der Maus nur wenig zu beeinflussen. Inhaltlich ist allerdings ebenfalls nicht viel zu vermelden. Alle Spiele können durch Klick auf eine Windmühle abgebrochen werden.

Die Grafik der *Spielekiste* lässt zu wünschen übrig, glänzt aber noch im Vergleich zu der der zweiten Scheibe des Paketes.

Auf der Hauptseite erscheinen fünf Bilder zur Auswahl, die verschiedene Games repräsentieren. Beim Turnen etwa erklärt ein Sprecher bei Klick auf verschiedene Motive, der die Teletubbies tanzen lässt, was zu machen ist. Musik kann ebenfalls aktiviert werden. Bei einem Versteckspiel sollen die Kids nacheinander drei Tubbies anklicken, die sich dann hinter drei Vorhängen verstecken. Der letzte Teletubbie muss dann mit Hilfe des Kindes den vom Sprecher genannten Freund wieder finden. Tippt das Kind falsch, öffnet sich der Vorhang, und der sich dahinter befindende Teletubbie schüttelt bedauernd den Kopf; außerdem wechseln die zwei nicht gesuchten Tubbies hinter den Vorhängen ihre Plätze, sodass das Kind den Gesuchten leichter finden kann. Bei den Videos suchen die Kinder wieder einen Tubbie aus, auf dessen Bauchmonitor die aus dem Fernsehen bekannten Filme abgespielt werden.

Das *Spiel mit den Teletubbies* weist eine katastrophale Grafik auf; auch die Akustik haut nicht gerade vom Hocker, da es ständig im Hintergrund schnarrt und tickt. Und hat das Spiel erst einmal begonnen, ist ein Abbruch nur über die Notbremse möglich. Warum nur sind manche Kinder so begeistert?

Weitere Titel aus dieser Reihe: siehe Anhang

Fazit des Lehrers

Die Spielekiste ist wesentlich besser gestaltet als die andere CD, aber auch kein Hit.

Fazit des Kindes

Damit will ich häufiger spielen.

Alter ab 2
Schulstufe Vorschule
Anbieter TLC
Genre Lernspiel-Software
Preis 15,31 €
ISBN 3-89627-471-6
PC Pentium 100 MHz; 16 MB RAM; SVGA-Grafikkarte (800 * 600) mit 16-Bit (High Color); Win 95, 98, 2000, ME, NT

Der Bär im großen blauen Haus – Das große Abenteuer

Nach der einfachen Installation begrüßen der Bär und seine liebenswerten Freunde das Kind musikalisch wie in der gleichnamigen Kinderserie im ZDF und im KiKa. Durch das Haus und die Spiele begleitet Ojo-Angelo, ein kleiner Bär.

Im Flur werden die Kinder empfangen. Von hier gelangen sie durch Cursorbewegung und Klick in jedes der Zimmer. Taucht eine Lupe auf dem Bildschirm auf, erklärt der Bär bei Klick den betreffenden Gegenstand.

Im Bad freuen sich die beiden Otter Pip und Pop über einen Brief und singen und dichten mit den Kindern: Dabei wird ein Vierzeiler, an dessen Ende ein Wort fehlt, vorgelesen. Nun ist aus drei kleinen Zeichnungen das passende, weil reimende Wort herauszufinden. Wird auf diese Art und Weise ein Lied mit drei Strophen fertig gestellt, singen die Otter das Produkt vor. Das Spiel ist beliebig wiederholbar, neue Texte werden angeboten.

Auf dem Dachboden findet sich eine Bastelwerkstatt: Die Kinder haben die Möglichkeit, aus diversen Materialien (Kekspackungen, Klopapierrollen, Milchtüten) entweder nach Vorlage oder frei nach Phantasie Gegenstände zu bauen. Das fertige Kunstwerk kann natürlich auch ausgedruckt werden.

Im Schlafzimmer werden Geschichten erfunden: Ein Geschichtenbuch zeigt vier verschiedene Bilder, von denen eines anzuklicken ist. Es füllt dann die ganze Seite aus und lässt sich durch eine veränderbare Hauptfigur ergänzen und mit diversen Utensilien (bei einem Strandbild zum Beispiel Sonnenbrille, Ball ...) ausschmücken. Die Geschichte kann sich das Kind selbst oder mit Hilfe von Ojo-Angelo ausdenken.

Im Wohnzimmer werden zu drei angebotenen Geschichten kleine Puppentheaterstücke Szene für Szene vorgespielt. Am Ende jeder Szene wählt das Kind aus drei Vorschlägen aus, wie die Geschichte weitergehen soll.

In der Küche kreieren die Kinder aus verschiedenen Zutaten und Schalen ihren eigenen Eisbecher. Jede Zutat wird lustig kommentiert.

Auch im Garten ist viel zu sehen – ein Spiel findet sich hier aber nicht.

Während des gesamten Rundgangs durch das Haus fertigt Ojo-Angelo ausdruckbare kleine Skizzen von den einzelnen Erlebnissen an.

Die Kinder haben sich sofort über das Spiel hergemacht und fasziniert vor den Bildschirmen gesessen. Sie mussten sogar aufgefordert werden, auch mal Pausen zu machen. Auch Erwachsenen gefällt das eine oder andere Spiel – also können Jung und Alt gut gemeinsam vorm PC Platz nehmen.

Weitere Titel aus dieser Reihe: siehe Anhang

Fazit des Lehrers

Ein solides Produkt für die ganz Kleinen ohne große Überraschungen. Gewaltfrei – und damit allemal besser als Fernsehen.

Fazit des Kindes

Die Lieder von Pip und Pop sind sehr komisch.

Alter ab 3
Schulstufe Vorschule
Anbieter Vivendi Universal
Genre Lernspiel-Software
Preis 24,95 €
ISBN 2-84226-433-9
PC Pentium 233 MHz; 64 MB RAM; 30 MB HDD; Win 95, 98
ja

Die lustigen kleinen Krabbler – Picknick mit Klaus der Laus

Dieses Lernadventure integriert viele kleine Übungen für kleine Computernutzer. Klaus die Laus führt durch die Welt der Krabbler. Im Intro stellt er seine Freunde vor: Amadeus den Skarabäus, Josefine die Biene und Walter den Falter. Sie haben sich zum Picknick verabredet, aber es fehlt an Essen und Trinken. Also müssen Klaus' Freunde und der Spieler erst eine Reihe von Abenteuern erleben und Aufgaben bewältigen, damit das Picknick ein Erfolg wird.

Klaus erklärt verständlich und sehr ausführlich, was zu tun ist.

Eine der Übungen dient der Mausbeherrschung: Heini Hummel soll durch gezielte Maussteuerung der Blütenstaub abgebürstet werden. Weitere Aufgaben entstammen dem Kreativbereich: Eine Toolleiste mit einigen Farbeimern und einem Pinsel erscheint. Das Kind wählt eine Farbe aus und bemalt damit Blüten. Klänge können erzeugt werden, indem ein Klöppel per Klick einen Pilz oder eine Blumenblüte anschlägt. Ein Kuchen soll garniert, Himbeeren gepflückt oder Nektar aus farbigen Blüten gesogen werden. Auch ein Memory und das obligatorische Malstudio sind zu finden.

Für Fünfjährige, insbesondere die mit Computererfahrung, sind die Übungen oft zu einfach. Die Spielstory hingegen dürfte insbesondere für die Jüngeren zu komplex sein, da der Zusammenhang zwischen den Szenenbildern und dem übergeordneten Auftrag, Speisen und Getränke für das Picknick zu sammeln, manchmal nur schwer nachzuvollziehen ist.

Die Gestaltung ist – wie wir es von Tivola nicht anders kennen – liebevoll und detailreich. Teils üppige und farbige, teils aber auch pastellartige Hintergründe kontrastieren mit einfach gestalteten, flächigen und wenig animierten Figuren. Das ist für erwachsene Betrachter manchmal irritierend, die Junior-Tester allerdings waren davon sehr angetan.

Musik und Geräusche werden ruhig und sparsam eingesetzt. Die Stimmen der Spielfiguren sind für die Zielgruppe durchaus reizvoll.

Die Spielführung ist ausgezeichnet. Klaus gibt immer alle nötigen Anweisungen, jederzeit kann der Spieler ein Bild überspringen oder in ein vorheriges zurückkehren.

Insgesamt ist dies ein charmantes Produkt mit sympathischen Spielfiguren, das Kinder anspricht und motiviert. Allerdings sind die Übungen und Szenen, von denen es zudem nur wenige gibt, auch von Jüngeren schnell durchgespielt. Damit wird die Scheibe sicherlich auf die Kinder keinen dauerhaften Reiz ausüben und bald in der Ecke landen.

Fazit des Lehrers

Ein sympathisches Produkt für die Kleinen, dem die Bücher von Antoon Krings als Vorlage dienten. Die Übungen sind schön realisiert.

Fazit des Kindes

Nett, aber zu schnell vorbei.

Alter von 3 bis 6
Schulstufe Vorschule
Anbieter Tivola
Genre Lernspiel-Software
Preis 24,95 €
ISBN 3-934789-76-5
PC Pentium 233 MHz; 64 MB RAM; SVGA-Grafikkarte (800 * 600) mit 16-Bit (High Color); Win 95, 98, ME
ja

Emil und Pauline auf dem Bauernhof – Lernspaß für die Vorschule

Auch für die Vorschule existiert eine Software aus der erfolgreichen und beliebten *Emil und Pauline*-Reihe. Das durchdachte Konzept wird konsequent umgesetzt: ein wunderbares Programm für kleine Computer-Fans.

Eine Pinguindame und ein Eisbär erklären Spielregeln und Symbole mit einfachen Worten, sodass auch Vorschüler keine Verständnisprobleme haben, wenn sie aufmerksam zuhören.

In elf tollen Spielen stehen jeweils drei Schwierigkeitsgrade zur Verfügung. Pauline meldet nach jedem Spiel freundlich und motivierend, ob Fehler gemacht wurden oder nicht.

Beim Suchspiel werden Hasen, die eine Nummer nennen, auf den mit der gleichen Nummer beschrifteten Platz im Kinderwagen der Hasenmutter gesetzt. Abzählen ist vorschulgemäß möglich. In einem weiteren Spiel wird der Inhalt zweier Schubkarren ausgekippt. Das Kind vergleicht nun, welcher Gegenstand nur einmal vorhanden ist. Oder es hüpfen Küken aus einem Hühnerstall auf den Hof, und die richtige Anzahl der Küken soll auf einer Zahlenskala angeklickt werden.

Darüber hinaus gibt es ein Memory mit Tierstimmen, Maustraining, verschiedene Zuordnungsübungen, Merkspiele und vieles mehr.

Besonders gut kam bei den Kleinen folgendes Spiel an: Ein Laufband transportiert Tierkinder, die mittels Mausklick in die Badewanne befördert werden sollen, neben der ihre Mutter steht. Kompliziert wird die Sache dadurch, dass die Rutschen das Laufband und die Wannen nicht etwa auf direktem Weg verbinden, sondern schon mal links oben beginnen und rechts unten enden, also kreuz und quer über den Bildschirm verlaufen. Reaktionsvermögen und Orientierungssinn sind gefragt.

Alle Spiele kommen ansprechend rüber und sind für Kinder ab vier Jahren ohne Wenn und Aber anwendbar – auch wenn Kids die Zahlen noch nicht lesen können oder beim Zählen öfter danebenliegen.

Die verschiedensten Fähigkeiten werden angesprochen: Konzentration, Gedächtnis, Reaktion, Kombinatorik und und und. Das Wissen um Farben, Formen und besonders die Zahlenwelt wird altersgerecht gefördert: eingebettet in motivierende und lustige Spiele.

Die Grafik ist liebevoll gestaltet, und die Spielideen sind nicht nur witzig und kreativ, sondern auch so gut umgesetzt, dass altersgemäßes Lernen und Spielen einander optimal ergänzen.

Weitere Titel aus dieser Reihe: siehe Anhang

Fazit des Lehrers

USM bereichert mit dieser Scheibe die Vorschul-Software-Landschaft und begeistert Kids und Eltern gleichermaßen.

Fazit des Kindes

Mir gefallen die witzigen Spiele.

Alter ab 4
Schulstufe Vorschule
Anbieter United Soft Media
Genre Lernspiel-Software
Preis 16,90 €
ISBN 3-8032-4110-3
PC Pentium 75 MHz; 16 MB RAM; 3 MB HDD; VGA-Grafikkarte (640 * 480) mit 24-Bit (High Color); Win 95, 98, 2000, ME, XP
ja

A
I. Die Erzählung
II. Leben und Werk
III. Über "Die Verwandlung"
IV. Anhang
150
1.4 Berufseinstieg
2. (Schreib-)Prozesse
2.1 1912:"Betrachtung"
2.1.1 Bewegungsgesetze
2.2 Felice Bauer
2.3 "Urteil"/"Verwandlung"
2.4 Die Fabrik
2.5 Gerti Wasner
2.6 "Der Process"

KAPITEL 2 | *Deutsch*

Lesen 2000 – Version XXL

Die 20 Lernübungen des Programms liegen in Bausteinen vor und kommen dabei ohne den Umweg über zusätzlichen Motivations-«Schnickschnack» direkt zur Sache. Die Aufgaben sind offensichtlich alle von einem Praktiker entwickelt worden, der seine Sache versteht.

Im Wesentlichen werden vielfältige Leselernübungen (Wörter aufbauen, die Stellung von Lauten im Wort finden) und mehrere Übungen zum sinnentnehmenden Lesen angeboten, aber auch Rechtschreibübungen (Dehnung, Schärfung), das Training von Techniken (Ordnen von Wörtern nach dem ABC) und genauem Hinschauen, also Konzentrationsübungen.

Vor der Entscheidung für einzelne Übungen wählt das Kind differenziert nach Lauten/Buchstaben, Wortschätzen oder nur nach Großbuchstaben-Schreibung aus. In der Übung selbst differenziert die Software zwischen Profi und Amateur. Das Programm lässt dem Lernenden Zeit, verschiedene Wege auszuprobieren, hilft aber bei Fehlern nicht durch strukturierte Hilfestellungen beim Finden der Lösungen, sondern klärt anschließend über die richtige Lösung auf. Bei erfolgreicher Arbeit gibt es Belohnungen durch Musikmodule, die allerdings in Anlehnung an aktuelle Hits nachgebessert werden sollten. Ein Übungsprotokoll zur Dokumentation der Lernerfolge ist anlegbar.

Die durch den Editor erweiterbaren Wortschätze sind umfangreich, aber auf Substantive beschränkt. Deren Anpassung an individuelle und schulische Lernnotwendigkeiten ist in der Praxis oft wünschenswert und sinnvoll. Der Editor macht dies möglich: Begriffe können gelöscht oder durch eigene ergänzt werden. Auch eigene Bild- und Tondateien lassen sich einbauen. Dies alles allerdings nicht im Programm selber, sondern über den Windows-Explorer. Insofern sind an dieser Stelle schon fortgeschrittene Computerkenntnisse nötig. Aber: Das Einarbeiten lohnt. Bei Falscheingaben durch den Lehrenden im Editormodus könnte die Fehlermeldung genauer sein.

Die Grafik des Programms ist teilweise recht einfach gestrickt.

Das Programm kann im Sprachunterricht, Sprachförderunterricht, Deutsch als Zweitsprache, Sachunterricht und Vorschulunterricht in Bezug auf die Bereiche Lesen, Schreiben und Wortschatzerweiterung eingesetzt werden.

Zielgruppe sind eher Kinder von 5 bis 9 statt – wie vom Hersteller empfohlen – von 4 bis 11 Jahren.

Fazit des Lehrers

Das Programm ist für die Schule gut geeignet und bietet diverse Differenzierungsmöglichkeiten, die den Bedürfnissen der Kinder sehr entgegenkommen. In der Programmtechnik allerdings gelingt der schwierige Spagat zwischen einfachem Handling und dem eher komplizierteren Editorgebrauch nicht.

Fazit des Schülers

Die Grafiken gefallen mir nicht so gut.

Alter von 4 bis 11
Schulstufe Vorschule, Grundschule
Anbieter Lernspiele.at
Genre Übungsprogramm
Preis 32,00 €
ISBN 3-9501203-1-9
PC Pentium; 8 MB RAM; VGA-Grafikkarte (640 * 480) mit 256 Farben; Win 3.1, 95, 98, 2000, ME, XP

Mimi, die Lesemaus – 1. Schuljahr

Mimi und Maulwurf Moll wollen den Kindern bei der Einführung in die Schriftsprache helfen. Angebunden an die gleichnamige Fibel bietet die Software in einer liebevoll gestalteten Umgebung Übungen zur Sicherung von Buchstaben, Lauten und der Graphem-Phonem-Korrespondenz. Aufgaben zur optischen/akustischen Analyse, zum Erlesen und zum Aufbauen und Schreiben von Wörtern finden sich ebenfalls.

Mimis Baumstamm-Wohnung hat mehrere Zimmer, in denen Übungen warten. Auf Käsewürfeln platzierte Buchstaben müssen optisch und akustisch identifiziert und zugeordnet werden. Auch gilt es, eine langsam verblassende Buchstabenspur zu erkennen und zu Bildern und dem passend vorgesprochenen Wort die richtige Buchstabenanzahl zu ermitteln. Reimwörter sollen herausgehört und schließlich Wörter nach Vorlage und Diktat auf Mimis reduzierter Computertastatur geschrieben werden.

Zunächst erklärt Mimi in kindgerechter Sprache die Aufgabe, durch einen Klick kann die Erklärung jederzeit abgebrochen und das Spiel gestartet werden.

Zu den einzelnen Übungen gibt es vier unterschiedliche Schwierigkeitsstufen, die frei angewählt und erfreulicherweise auch noch während der Übung angepasst werden können. Entweder erhöht sich die Anzahl der zu lernenden/zu übenden/vorausgesetzten Buchstaben oder der Lernende muss ein Laut *im* Wort hören, die Schreibbewegung einzelner Buchstaben beherrschen oder Gedächtnis beweisen. Die Anforderungen steigen also sowohl quantitativ als auch qualitativ. Auf Fehler reagiert das Programm behutsam und bietet Korrekturmöglichkeiten.

Richtig spannend wird es dann auf der «Goldmedaillenstufe». Sie erfordert schnelle Entscheidungen und damit volle Konzentration. Fehler sind nicht erlaubt. Hat das Kind sechs Goldmedaillen erobert, gibt es als Bonus ein Belohnungsspiel. Allerdings können diese Medaillen auch durch die sechsfache Bewältigung *einer* Übung erlangt werden, sodass Kinder auch beim erfolgreichen Absolvieren nur eines Teilbereiches in den Genuss kommen, ein neues Zimmer in Mimis Wohnung hübsch einzurichten. Das Ganze kann ausgedruckt werden und stellt einen Anreiz dar, durch immer neuen Erwerb der Goldmedaillen ganz neue Mäusewohnungen zu gestalten. Schön, dass dazu nicht alle Aufgaben durchlaufen sein müssen, sondern auch dem (noch) ungeübteren Lernenden diese Möglichkeit eingeräumt wird.

Fazit des Lehrers

Keine Überfrachtung mit multimedialen Elementen, aber eine motivierende Belohnung, die zu weiterem Üben lockt. Die Hilfen nach Fehlern könnten umfassender sein. Selbstkontrolle ist möglich. Die Software ist sowohl für Leseanfänger als auch für Kinder mit besonderem Übungsbedarf geeignet. Die sinnvolle Progression beim Buchstabenlernen lässt ihren Einsatz auch lehrwerksunabhängig zu.

Fazit des Schülers

Mit Mimi übe ich gerne.

Alter von 6 bis 8
Schulstufe Grundschule
Anbieter Oldenbourg
Genre Lern-Software
Preis 19,90 €
ISBN 3-486-80399-9
PC Pentium 150 MHz; 32 MB RAM; VGA-Grafikkarte (640 * 480) mit 16-Bit (High Color); Win 95, 98, 2000, ME, NT
ja

Pusteblume – Deutsch – Klasse 2–4

Das könnte einmal Wirklichkeit werden: Hausaufgaben stehen nicht nur im Lehrbuch, sondern auch auf der zugehörigen CD-ROM. Der Schroedel Verlag hat die Arbeitshefte seiner Sprachbücher «Pusteblume» mit zusätzlicher Lern-Software ausgestattet – pro Jahrgang eine Scheibe.

Nach der Anmeldung gelangt der Schüler an eine Weggabelung, an der er sich für ein Lernspiel oder eine gezielte Übung entscheiden kann. Die Übungen werden aus einer der vier Werkstätten ausgewählt, die den Sprachunterricht der Grundschule umfassen: die Schreib-, Rechtschreib-, Sprach- und Lesewerkstatt. Der immer gleiche Ablauf der lehrplankonformen Übungen und die deutliche Sprache erleichtern das Zurechtfinden im Programm. Leider ist aber nicht nur der Aufbau in allen Klassenstufen identisch, wir treffen auch immer wieder auf die gleichen Spiele. Und wenn der Zweitklässler noch seine Freude am Luftballonspiel hat, so wird es dem Viertklässler recht bald langweilig. Besonders ärgerlich: Alle drei CD-ROMs gleichen sich auch in Bildern und Texten. Wurde der Inhalt der ersten Scheibe dazu benutzt, die anderen zu füllen?

Übungserfolg wird in einem lustigen Lernprotokoll festgehalten, bildlich dargestellt in Form eines Gartens. Bei erfolgreicher Mitarbeit wachsen und gedeihen die Pflanzen, und der klügste Schüler hat den dicksten Kürbis.

Bei den Hilfefunktionen wird ein Wörterbuch angeboten. Die selbstverständliche Nutzung eines Lexikons gehört heute zu den Schlüsselqualifikationen in der Grundschule. Doch wie kann ein Wörterbuch helfen, in dem so viele der Wörter fehlen, nach denen das Programm fragt? Ein ausführlicheres Wörterbuch hätte auch sicher den Herausgebern gut getan, die in einer Überschrift das «verkehssichere Fahrrad» anbieten. Überhaupt wünscht sich der Lehrende bei den Schulbuchverlagen Lektoren, die Software ebenso penibel wie Schulbücher überprüfen: Mal erhält der Schüler unversehens Hilfe durch das zweimalige Drücken der Enter-Taste, mal kommt er aus dem Programm nur über die Esc-Taste heraus, mal akzeptiert es auch unsinnige Lösungen. Im Lerngarten wächst und wächst der Kürbis zur Freude des Kindes, auch wenn er mit heißer Luft gedüngt wird.

Das Sprachbuch «Pusteblume» kostet 6,10 €, zusammen mit einer CD-ROM 8,95 €. Wer jetzt seine Einmaleinskenntnisse hervorkramen will, um den Preis für das Bündel von drei CDs auszurechnen, versteht nichts von der höheren Mathematik der Preisgestaltung.

Fazit des Lehrers

Ansprechende Grafik, kindgemäße Spiele, altersgemäß und lehrplangerechte Übungen lassen die Programme in Verbindung mit dem Sprachbuch zu einer überaus preiswerten Zugabe werden – als selbständiges Softwarepaket schlechtes Preis-Leistungs-Verhältnis.

Fazit des Schülers

Klasse, dass ich nicht nur mit dem Buch arbeiten muss.

Alter von 7 bis 11
Schulstufe Grundschule
Anbieter Schroedel
Genre Lern-Software
Preis 25,50 €
ISBN 3-507-40717-5
PC ab 486 DX; Grafikkarte mit 256 Farben; Win 3.x, 95, 98, NT

Emil und Pauline in der Geisterbahn – Rechtschreibung und Grundwortschatz

Dies ist ein nettes, kleines und kompaktes Übungsprogramm für zwischendurch. Die Kinder üben hier Rechtschreibung und ihren Grundwortschatz.

Zu Beginn erläutert das Programm ausführlich alle Funktionen der Menüleiste sowie das Spielprinzip. Die Einzelaufgaben werden verständlich erklärt. Jede Übung kann ebenso wie die Aufgabenerläuterungen über einen Button in der Menüleiste abgebrochen werden. Die vorhergehende sowie die nachfolgende Übung lassen sich direkt anwählen. Vom Übersichtsbild aus klickt sich der Spieler in jede der acht Übungen direkt ein. Alle Ebenen des Spiels sind in kurzer Zeit erreichbar, wodurch der Titel außerordentlich übersichtlich wirkt.

Emil und Pauline fahren in der Nacht Geisterbahn. Sie passieren insgesamt acht Stationen, in denen sich Übungsaufgaben befinden. Im Geisterturm etwa gilt es, alle vorbeiziehenden Wörter mit Lücken, in denen beispielsweise ein «ck» fehlt, anzuklicken. An einem Bahnsteig fahren Züge mit Bildern ein. Jedes Bild stellt einen Gegenstand dar. Die Kinder ordnen die Bilder nach den Anfangsbuchstaben der Gegenstände alphabetisch an. Auf dem Friedhof fliegen Vampire heran, setzen sich mit Geheul auf einen Grabstein und fragen dann nach, ob Geschenk mit «k» oder «g» geschrieben wird. Trifft das Kind die richtige Entscheidung, sinkt der Vampir ins Grab und findet dort seine verdiente Ruhe. Bei Graf Krakolo müssen Knochenwörter erkannt werden. Es kommt hierbei auf die Höhe der jeweiligen Buchstaben an.

Diese und die anderen Aufgaben laufen auf drei verschiedenen Levels ab. Die Steigerung der Schwierigkeit erfolgt aber ausschließlich quantitativ und nicht qualitativ: Der Lernende muss mehr Wörter richtig schreiben oder die Lösung unter einer größeren Anzahl an Möglichkeiten erkennen. Schade, hier sollte das Programm auch qualitativ differenzieren.

Die Gestaltung ist ansprechend, teilweise witzig. Die beiden Leitfiguren sind sympathisch, für einige Schulkinder vielleicht etwas zu kindisch. Die Animationen sind flüssig und die Geräusche stimmig, die Spielatmosphäre ist eher comichaft-lustig als gruselig. Kleine amüsante Anlehnungen sind eingebaut: Die Müllmonster erinnern sehr an die Sesamstraße, auf einer weggeworfenen Pappschachtel steht «Addi» in Anspielung auf das Konkurrenzprodukt «Addy».

Weitere Titel aus dieser Reihe: siehe Anhang

Fazit des Lehrers

Dies ist eine gelungene Software! Die Gestaltung ist nett und ansprechend, das Gameplay stimmt ebenso wie die Lerneffizienz der einzelnen Übungen.

Fazit des Schülers

Nicht so gruselig wie 'ne schlechte Note. Macht Spaß.

Alter von 7 bis 9
Schulstufe Grundschule
Anbieter United Soft Media
Genre Lernspiel-Software
Preis 16,90 €
ISBN 3-8032-4122-7
PC Pentium; 16 MB RAM; 3 MB HDD; SVGA-Grafikkarte (800 * 600) mit 24-Bit (High Color); Win 95, 98, ME, 2000, XP
 ja

CESAR Schreiben 1.0 (2.–4. Klasse) *und CESAR Schreiben 2.0* (4.–6. Klasse)

Die CESAR-Programme sind aus der logopädischen bzw. schulischen Erfahrung heraus entwickelt worden, und das ist ihnen anzumerken. Die Autorin Sita Vellguth beschäftigt sich sowohl in ihrer logopädischen Praxis als auch durch die Entwicklung computergestützter Lernspiele schwerpunktmäßig mit der Förderung von Grundschulkindern mit Lese-Rechtschreib-Problemen. Die Programme bestechen durch eine professionelle und ansprechende grafische Oberfläche, die starken Aufforderungscharakter hat.

Ihr Aufbau ist extrem übersichtlich. Die Übungen werden hinreichend akustisch erklärt und können sofort ausprobiert werden. Die Bedienung per Maus ist einfach, nachvollziehbar und altersgerecht. Dies gilt auch für die verwendeten eindeutigen Symbole.

Im Vordergrund steht das Lernen in Spielkontexten, bei denen multimediale Möglichkeiten hervorragend genutzt und überflüssige, ablenkende Elemente vermieden werden. Positiv ist auch das Vorhandensein eines Editors in Teilbereichen der Programme. Eine Protokollfunktion erleichtert die Auswertung der Schülerergebnisse, zumal sie sehr differenziert auf unterschiedlichste Fehlerklassen eingeht.

CESAR Schreiben 1.0 enthält neun visuelle, auditive und auditiv-visuelle Spiele, die tatsächlich auch das üben, was aus schulischer Sicht wünschenswert ist. Jedes dieser Spiele ist untergliedert in sinnvolle Einheiten mit unterschiedlichen Themen und Inhalten. Wörter müssen auf ihre Lautfolge hin abgehört und diese zu einer Buchstabenfolge verarbeitet werden. Dabei kann der Schwierigkeitsgrad durch Konsonantenhäufung erhöht werden. Genaue Lokalisierung eines Lautes im Wort ist gefordert, auch die Behandlung von Konsonantenverdoppelung und Auslautverhärtung zielt auf die Automatisierung kognitiver Strategien ab. Über die lautgetreue Verschriftlichung auf Laut-, Silben- und Wortebene, ganzheitliche Wortbilderfassung und Anwendung metasprachlicher Prozesse werden übergeordnete Rechtschreibstrategien antrainiert. Gut, dass so schwierige Sachverhalte in sehr ansprechende Spiele verpackt sind, die das Kind motivieren.

Hervorzuheben ist, dass es vielfältige differenzierende Optionen qualitativer und quantitativer Art gibt.

CESAR Schreiben 2.0 (4.–6. Klasse) bietet den Schülerinnen und Schülern die Chance, Rechtschreibwissen über Analogien spielerisch anzulegen oder zu festigen, vermittelt auf spannende Weise alle relevanten orthographischen Themen, fördert Strategien zur morphematischen Ableitung und sichert erworbenes Wissen auf integrativer Ebene.

Insgesamt gibt es neun Strategie- und Lernspiele in den Lernfeldern Hören, Rechtschreibung und Wortlehre. Jedes dieser Spiele erfordert uneingeschränkte Konzentration, macht aber dennoch Spaß. Immer wird mit mehreren Sinnen gelernt.

Um einem Schüler die für ihn hilfreichen Übungen anbieten zu können, ist eine vorangehende Diagnostik bezüglich seiner Schwächen hilfreich. Sonst scheint es zweckmäßig, die Spiele in der vorliegenden Reihenfolge zu durchlaufen, um über das systematische Üben der lauttreuen Schreibung zu Ableitungsstrategien und Analogiebildungen bis zu orthographischen Rechtschreibbesonderheiten zu gelangen, die ganz andere Strategien benötigen – hier ist für zufrieden stellende Ergebnisse das Gedächtnis gefordert. Nach einer Festigungsphase kann schließlich

das Gelernte unter Zeitdruck unter Beweis gestellt werden. Auch in der Wort- und Satzlehre geht es um das Anwenden gelernter Regeln, was vom Kind ein hohes Abstraktionsvermögen fordert. Gar nicht so einfach! 15 ausdruckbare Lückendiktate dienen der Wiederholung des Lernmaterials.

Kritisch anzumerken ist die Tatsache, dass es nicht mehr differenzierte Hilfsangebote bei falschen Lösungen gibt – schön wäre, wenn statt des stereotypen Hinweises, es doch noch einmal zu versuchen, auf die Anzahl von Buchstaben im Wort, Laute oder Ähnliches hingewiesen würde.

Auch ist es aus schulischer Sicht fragwürdig, dass es den Kindern freigestellt wird, ein Programm beliebig schnell wieder zu beenden. Es wäre wünschenswert und dem Lernerfolg zuträglich, dass eine Übung «abgearbeitet» werden muss, bevor der Schüler aussteigen kann. Motivationsmöglichkeiten mittels sich anschließender Zusatzspiele oder Ähnliches (wie bei anderen Programmen üblich) gäbe es genug.

Ein Letztes: Vielleicht sollten die Programmautoren generell den Service eines Editors anbieten, über den gewünschte individuelle schulische und sprachbuchabhängige Wortschätze nach Bedarf durch den

Lehrenden in das Programm eingebaut werden können. Denn obwohl die Programme insgesamt einen riesigen Wortschatz anbieten, wäre weniger, aber dafür passenderer Inhalt manchmal mehr.

Weitere Titel aus dieser Reihe: siehe Anhang

Fazit des Lehrers

Faszinierendes, anspruchsvolles, aus der Praxis entwickeltes Programm mit hohem Motivationscharakter und professioneller Gestaltung sowie einem Editor. Es fehlen differenzierte Hilfehinweise.

Fazit des Schülers

Das macht Spaß, und ich lerne auch noch was dabei.

Alter von 7 bis 13
Schulstufe Grundschule, Sek. 1
Anbieter CES Verlag
Genre Übungsprogramm
Preis 99,50 €
ISBN s. Anhang
PC Pentium 133 MHz; 32 MB RAM; SVGA-Grafikkarte (800 * 600) mit 16-Bit (High Color); Win 95, 98, NT 4.0

Gut 1

In einer Schatzkiste liegen zu übende und zu erlernende Wörter, die nach Häufigkeit des Vorkommens in der deutschen Sprache sowie nach Rechtschreibschwierigkeit sorgfältig zusammengestellt sind. Gezielt kann aus diesen eine Auswahl an zu übenden Wörtern zur Verfügung gestellt und so dem Kind ein begrenztes und individuelles Pensum auferlegt werden. Dadurch eignet sich das Programm sowohl für den Einsatz in rechtschreibschwachen Fördergruppen als auch für die Einzelarbeit fortgeschrittener Lernender.

Es gibt 1420 Übungswörter, die sehr geschickt strukturiert wurden. Voreinstellungen (Hilfestufen, Wortschatz, vier oder acht Übungswörter pro Sequenz) sind für 30 Kinder möglich und speicherbar. Das erleichtern eine Abstimmung auf individuelle Rechtschreibleistungen.

Weiß das Kind die Schreibweise eines Wortes nicht, hilft ihm ein sinnig abgestuftes Hilfesystem (drei Optionen), das wiederum an ein ebenfalls gestuftes Belohnungssystem gekoppelt ist: Je weniger Hilfe abgerufen wird, desto schneller kann Stück für Stück die Einrichtung für ein Baumhaus erworben werden.

In der Lernbox verbleiben die zu übenden Wörter abhängig von den in Anspruch genommenen Hilfen unterschiedlich lange. Wenn alle fünf Fächer («Kängurubeutel») erfolgreich absolviert wurden, ist das Wort erst mal gesperrt, der noch nicht sicher beherrschte Wortschatz steht allerdings weiter zum Üben zur Verfügung. So muss wirklich gelernt und geübt werden. Das Abspeichern im Langzeitgedächtnis wird gefördert, gleichzeitig aber vermieden, dass das Kind durch Aufrufen des immer gleichen Wortmaterials sein Baumhaus ausstatten kann. Mogeln ist nicht möglich, der Computer ist unbestechlich.

Mit Gut 1 liegt ein Rechtschreibübungsprogramm vor, das sich erfreulich von den vielen lauten und bunten Produkten abhebt, die auf dem Markt sind. Sparsam eingesetzte Animationen motivieren, ohne abzulenken; die schlichten Grafiken lassen Konzentration auf das Wesentliche zu. Sehr motivierende Belohnungen verlocken zu weiterem Üben. Endlich ist differenzierendes und zielgerichtetes Üben der Rechtschreibung im Satzzusammenhang möglich, bei dem lernpsychologische Erkenntnisse gelungen umgesetzt sind. Einsatzmöglichkeiten gibt es zahlreiche: Einzelarbeit (auch zu Hause), im differenzierten Unterricht, beim Stationenlernen, bei der Wochenplanarbeit ...

Einziger Wermutstropfen: Am Satzende dürfen fehlende Punkte nicht vom Kind gesetzt werden, das Programm akzeptiert dann das richtig geschriebene Wort nicht.

Fazit des Lehrers

Super! Die beliebte Lernbox-Idee ist hervorragend umgesetzt worden.

Fazit des Schülers

Mein Baumhaus möchte ich möglichst schön einrichten. Dafür übe ich!

Alter ab 7
Schulstufe Grundschule
Anbieter Computer & Lernen
Genre Übungsprogramm
Preis 40,00 €
ISBN Bestellmöglichkeit auf der Webseite
PC Pentium 166 MHz; 32 MB RAM; Grafikkarte mit 256 Farben; Win 95, 98, ME, NT 4.0, 2000, XP
ja

LERN-SOFTWARE RATGEBER

Power Learning – Deutsch – 5. Klasse

Solch eine Software aus dem Hause Cornelsen – das überrascht. Schließlich ging der Verlag bisher mit multimedialen Adventures ins Rennen, um primär am Nachmittag Kinder an schulische Aufgaben, das Lernen und Üben heranzuführen. Nichts davon hier. Stattdessen Übungen pur.

Zwar setzt auch diese Scheibe auf der Multimedia-Engine auf, die 1999 für den Multimedia-Coach entwickelt wurde (Folge: recht hohe Systemanforderungen), aber die Bedienoberfläche bleibt dennoch extrem einfach, geradezu spartanisch.

Das Training spielt sich in einem stilisierten Stadion ab, in dem der Schüler zwischen den drei typischen Lern- und Prüffeldern des Faches Deutsch der fünften Klasse wählen kann: Aufsatz, Grammatik und Rechtschreibung. In allen Bereichen finden sich dann wiederum Unterthemen mit einer Folge von Aufgaben, die dem Lehrplan eng angelehnt sind. So ist der Lernende ohne große Umwege beim Eingemachten – und das zuallererst ermöglicht den Einsatz in der Schule mit ihrer notorischen Zeitknappheit.

Die Aufgaben orientieren sich an schulisch eingeführten, erprobten

Arbeitszetteln (vervollständigen, ersetzen, einsetzen). Allerdings sieht das hier so perfekt aus, wie von Cornelsen zu erwarten: So lassen Lücken nicht durch ihre Länge erkennen, was einzusetzen ist; und nach dem Einfügen schließen sie sich zu einem Fließtext. Hier zeigen sich die Stärken der aufwendigen Multimedia-Programmierung. Sehr erfreulich.

Die Aufgabenfolgen weisen einen aufsteigenden Schwierigkeitsgrad auf. Zwischenschritte lassen sich überspringen, und so findet man die individuell angemessene Übungsstufe. Die Rückmeldungen des Programms zu richtigen oder falschen Lösungen sind knapp und klar. Der Arbeitserfolg wird in einer Punkteskala dokumentiert und kann auch in einer Statistik dargestellt werden. Als Hilfe stehen eine Grammatik und ein Wörterbuch zum Nachschlagen zur Verfügung.

Weder beiliegendes Übungsbuch noch die zugehörigen Internetseiten erreichen annähernd die Qualität der CD. Da findet der Fünftklässler schon einmal den Hinweis: «Eine Analyse ist eine systematische Untersuchung. In der Mathematik werden in der Regel Funktionen analysiert. Das ist allerdings erst Stoff der 11. Klasse.»

Aber die Scheibe lässt sich uneingeschränkt empfehlen – auch und gerade für den Unterricht.

Weitere Titel aus dieser Reihe: siehe Anhang

Fazit des Lehrers

Eine gelungene Übungs-Software für die Arbeit in der Schule: Lernen, Üben, Sichern pur und kein bisschen Ablenkung (oder – je nach Perspektive – keine zusätzliche Motivation).

Fazit des Schülers

Wenn ich lernen will, nehm ich das hier.

Alter von 10 bis 12
Schulstufe Sek. 1
Anbieter Cornelsen
Genre Übungsprogramm
Preis 19,95 €
ISBN 3-589-21500-3
PC Pentium 200 MHz; 64 MB RAM; SVGA-Grafikkarte (800 * 600) mit 16-Bit (High Color); Win 95, 98

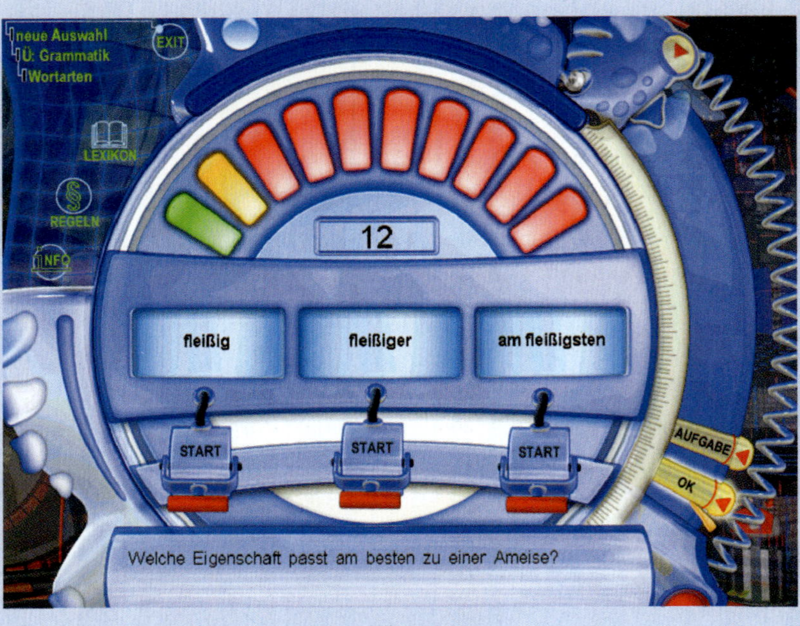

Auftrag Deutsch – 6. Klasse

Das Programm stellt seinen Nutzern eine Fülle von durchdachten und aufeinander bezogenen Übungsformen und -angeboten zur Verfügung. Ein Wörterbuch mit ausführlichen Informationen zu literarischen und grammatikalischen Fachbegriffen, Rechtschreib- und Grammatikübungen sowie Dichterbiographien fehlen ebenso wenig. Besonders das Angebot unterschiedlicher Schwierigkeitsgrade und die Möglichkeit, den aktuellen Lernzuwachs in allen angesprochenen Lernfeldern der Rechtschreibung und Grammatik überprüfen zu können, sind positiv hervorzuheben. Weitere Features wie ein eigenes Wörterbuch und die Vorbereitung fiktiver Klassenarbeiten runden das Lernprogramm ab. Verpackt ist dies alles in eine anregende Animation mit spielerischen Sequenzen und Rechercheaufgaben in einem virtuellen Detektivbüro.

Die Schüler reagierten mit Interesse auf die futuristische Aufmachung der Lern-Software. Die unterschiedlichen Übungs- und Handlungsmöglichkeiten haben einen hohen Aufforderungscharakter. Sie entsprechen den Anforderungen des Lehrplans für Deutsch in der sechsten

Klassenstufe. Zudem liefert die Software verschiedene Differenzierungs- und Anforderungsstufen und ist somit auch für unterschiedliche Schularten geeignet.

Eine perfekte Lern-Software – könnten Lehrer glauben. Manchmal stellte sich jedoch bei ihnen und den (Junior-)Testern der Verdacht ein, weniger wäre mehr gewesen. Die Fülle der Möglichkeiten und die sehr differenziert und teilweise unübersichtlich angelegte Animation irritieren bisweilen und können für Frust sorgen. Die Software erschließt sich mit ihren Möglichkeiten zum Teil erst nach zeitaufwendigem Ausprobieren. Dafür ist in der Schule keine Gelegenheit. Zudem kostet die notwendige Orientierung Zeit, die dem eigentlichen Zweck der CD-ROM – Üben und Vertiefen des Grundwissens im Fach Deutsch – entzogen wird.

Mit *Auftrag Deutsch* liegt dennoch eine empfehlenswerte Lern-Software für die Anwendung in offenen Unterrichtssituationen zum Zwecke des Übens und des Vertiefens von individuellem Grundwissen im Fach Deutsch vor. Nachteilig wirkt sich lediglich die zeitweise schwierige Orientierung im Programm bzw. die Überbetonung der Animation aus. Auch für die Einzelarbeit zu Hause ist diese Lern-Software sehr geeignet.

Weitere Titel aus dieser Reihe: siehe Anhang

Fazit des Lehrers

Eine tolle CD, bei der weniger mehr gewesen wäre. Auch so ist das Ergebnis immer noch gelungen.

Fazit des Schülers

Ich mochte die Spielpassagen, aber teilweise fand ich die sehr unterschiedliche Gestaltung verwirrend.

Alter von 11 bis 13
Schulstufe Sek. 1
Anbieter Cornelsen
Genre Lernspiel-Software, Übungsprogramm, Nachschlagewerk
Preis 49,95 €
ISBN 3-464-90064-9
PC Pentium 200 MHz; 32 MB RAM; 300 MB HDD; SVGA-Grafikkarte (800 * 600) mit 16-Bit (High Color); Win 95, 98, 2000

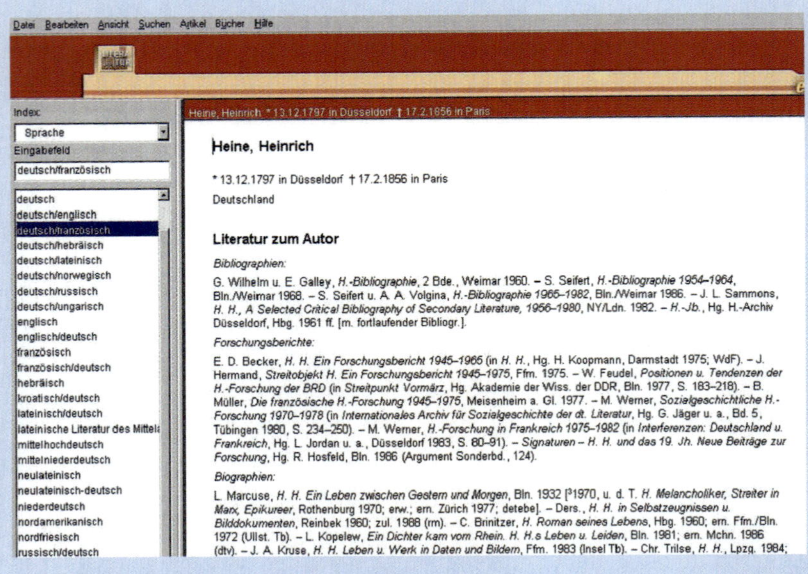

Systhema e-Lexikon – Lexikon der deutschen Literatur (Band 2)

Die Idee ist so einfach wie überzeugend: Ein Hersteller nehme ausgezeichnete Nachschlagewerke und mache ihr Datenmaterial in digitaler Form zugänglich.

Diese Idee wird in der e-Lexikon-Reihe von Systhema konsequent umgesetzt. Das *Lexikon der deutschen Literatur* basiert auf dem Material des «Kleinen Kindler», also den Einträgen zu Autoren, Werken und Sachbegriffen der deutschen Literatur in Kindlers Literaturlexikon, von dem Legionen von Schülern und Studenten und andere Literaturliebhaber profitieren. Dieses Lexikon und daneben bisher fünf weitere Nachschlagewerke werden unter einer einheitlichen Benutzeroberfläche integriert und so programmübergreifend (!) und technisch einheitlich nutzbar. Das heißt auch, dass die einzelnen CD-ROMs nicht mehr im Laufwerk vorgehalten werden müssen, sondern komplett auf der Festplatte installiert werden – auf je nicht einmal acht MB. Und es bedeutet schließlich, dass sich die Sammlung modular erweitern lässt, zumal der Preis von 20,50 € pro Werk stimmt.

Kehrseite der Funktionalität ist allerdings, dass auf dem Bildschirm nicht mehr als Zeichenkolonnen zu erwarten sind: Kein Satz wird vorgelesen, kein Ausschnitt einer Literaturverfilmung gezeigt, kein gar nichts. Stattdessen fundierte Texte, in denen Scrollen zur Hauptbeschäftigung wird. Da ist der Nutzer von digitalen Nachschlagewerken durchaus Besseres gewohnt.

Doch wer lediglich eine textbasierte Bibliothek zum Recherchieren und Weiterverarbeiten sucht, der findet hier alles, wonach ihm verlangt. Die Bearbeitungswerkzeuge lassen kaum Wünsche offen, sind einfach zu bedienen, funktional und hoch effektiv: Suchen zu komplexen Vorgaben, Kopieren und Exportieren von Texten und Zitaten, Lesezeichen oder Notizen anbringen und speichern, drucken – alles kein Problem. Besonders schön: Neben den redaktionell vorgesehenen Querverweisen kann der Interessierte solche zu jedem frei gewählten Begriff jeden Textes suchen lassen – und erhält in kürzester Zeit eine Liste von Ergebnissen, aus der er durch Doppelklick zu den Texten kommt, in denen er den Suchbegriff nun schon markiert vorfindet. Das alles leistet kein gedrucktes Produkt, und damit ist diese Software ein sehr produktives Arbeitsmittel, das als unterrichtspräsentes Nachschlagewerk sicher sehr hilfreich ist, wenn im Klassenraum wenigstens ein Rechner steht. Sonst bleibt die individuelle oder private Nutzung.

Weitere Titel aus dieser Reihe: siehe Anhang

Fazit des Lehrers

«Superschnell, supergenau, supereinfach», sagt der Verlag – und das ist nicht übertrieben. Multimedialität allerdings bleibt Fehlanzeige – und wer will schon seitenlange Texte am Bildschirm lesen?

Fazit des Schülers

Trocken, aber nützlich.

Alter von 12 bis 99
Schulstufe Sek. 1 und 2, lebenslanges Lernen
Anbieter United Soft Media
Genre Nachschlagewerk
Preis 20,50 €
ISBN 3-8032-2883-2
PC Pentium 166 MHz; 32 MB RAM; 8 MB HDD; VGA-Grafikkarte (640 * 480) mit 16-Bit (High Color); Win 95, 98, 2000, NT, ME, XP

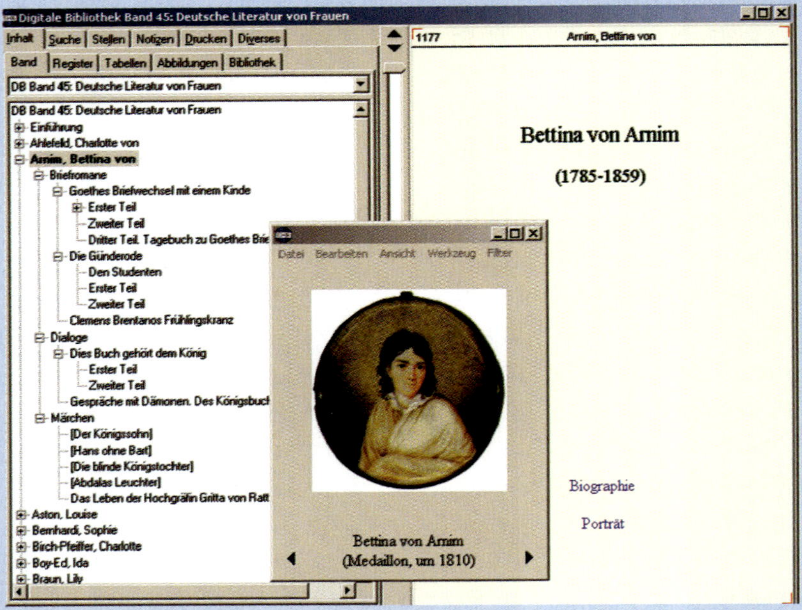

Digitale Bibliothek – Deutsche Literatur von Frauen (Band 45); *Deutsche Literatur von Lessing bis Kafka* (Band 1)

Die Idee der *Digitalen Bibliothek* hat sich offensichtlich durchgesetzt: Das ist bei inzwischen fast 60 Bänden und über einer Million digitalisierter Seiten sicher. Gleich lautende positive Rückmeldungen in den großen Feuilletons sind Legion; die ersten Bände sind vergriffen.

Das verwundert nicht, da die Bibliothek Klassiker unserer Schriftkultur elektronisch erschließt und Literatur ebenso wie die unterschiedlichsten enzyklopädischen Werke dem schnellen digitalen Zugriff zugänglich macht. Die CD-ROMs sind ebenso sorgfältig editiert wie ihre Vorbilder auf Papier und wegen Einhaltung der Seitenkonkordanz direkt zitierbar. Daneben stehen in der Basissoftware umfangreiche Bearbeitungswerkzeuge zur Verfügung, die für alle Bände übereinstimmen und kontinuierlich verbessert werden: Verschiedene Darstellungsmodi dienen der Orientierung, einfache und komplexere Suchverfahren, auch bandübergreifend, lassen keine Wünsche bei der Recherche offen, zur Weiterverarbeitung kann der Text markiert, kommentiert, gedruckt, exportiert oder zitiert – nicht mehr nur seitenweise wie zu Beginn der Edition – werden; auch die Abbildungen, soweit vorhanden, lassen sich komfortabel suchen, bearbeiten und exportieren. Die effektiven Suchfunktionen der Programme und der umfangreiche Textkorpus erlauben es, schnell und effizient wesentliche Bestände und Fragestellungen der deutschen Literatur zu durchforschen. In den Lexikon-Editionen sind die internen Verweise als Hyperlinks realisiert, auch wenn diese oft extra hinter einem «➡» statt hinter dem Verweiswort untergebracht sind. Die Scheiben der Digitalen Bibliothek sind den Vorbildern in Buchform eben noch sehr nahe.

Das ist Stärke wie Schwäche dieser Editionen: CD-ROMs für Menschen, die lesen, aber kein Ersatz für die Bücher. Wer liest denn schon lange Texte am Computer? Eine bessere Unterstützung der Arbeit mit diesen Texten als durch ihre digitalisierte Form ist hingegen kaum denkbar.

Die Digitale Bibliothek lässt aber – am heutigen Standard multimedialer Enzyklopädien gemessen – auch Wünsche offen: Die Möglichkeiten der Einbindung von Ton, Bildern und Videos werden nicht adäquat genutzt; stattdessen überwiegen Zeichenkolonnen. Das freut alle buchsozialisierten Traditionalisten. So spricht «Der Spiegel» davon, dass auf allen «optischen Firlefanz» verzichtet wurde. Auch eine Sichtweise ...

Mit der Studienausgabe der CD-ROM *Deutsche Literatur von Lessing bis Kafka* (Band 1) liegt nun die erweiterte und überarbeitete Fassung der 1997 erschienenen Basisbibliothek gleichen Titels vor. Wurden in der ersten Version auf rund 100 000 Seiten Werke von 58 Autoren präsentiert, so umfasst die Neuauflage auf über 170 000 Seiten Werke von 108 Autoren. Sie bietet einen repräsentativen Längsschnitt der deutschen Literatur von der Mitte des 18. Jahrhunderts bis in die 20er Jahre des 20. Jahrhunderts. Bei der Auswahl wurde versucht, sowohl populäre als auch weniger bekannte Werke von der Aufklärung bis zur Moderne zu präsentieren. Die «Basisbibliothek» von 1997 wurde dabei um die großen deutschsprachigen Märchen- und Literatursammlungen erweitert. Ausgeklammert sind Briefe, Tagebücher und naturwissenschaftliche Abhandlungen.

Der feministischen Literaturwissenschaft der letzten drei Jahrzehnte ist es zu verdanken, dass auch die

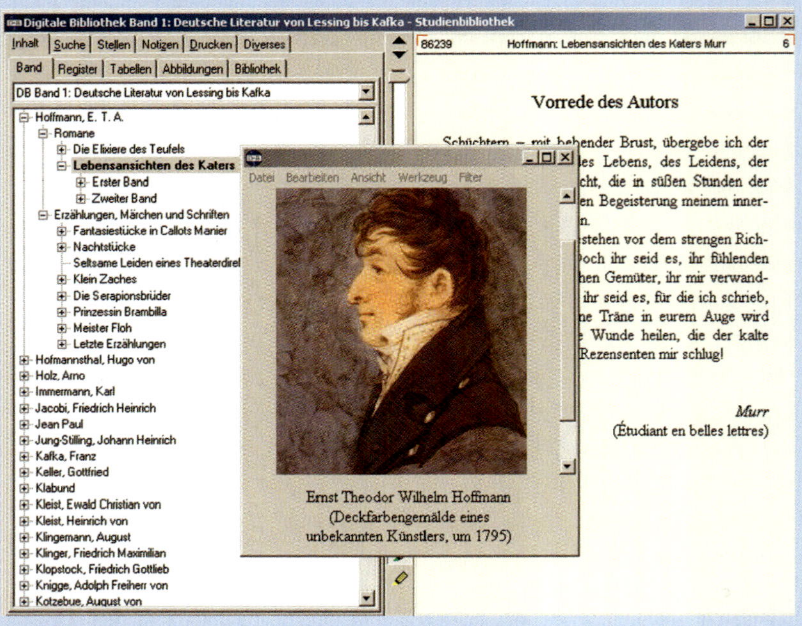

literarischen Werke von Frauen allmählich Einzug halten in den überwiegend von Männern bestimmten Kanon der deutschen Literatur. So bietet etwa Band 45 der Digitalen Bibliothek (*Deutsche Literatur von Frauen*) einen Längsschnitt durch das Werk von 62 Schriftstellerinnen vom Barock bis in die Zeit der Weimarer Republik. Er ist mit einem Gesamtumfang von gut 78 000 Bildschirmseiten die bei weitem umfangreichste Ausgabe literarischer Texte deutscher Autorinnen, die jemals zusammenhängend publiziert worden ist. An viele dieser Texte ist sonst kaum heranzukommen – eine Perle unter den vielen Scheiben ordentlichen Handwerkszeuges.

Die Beschränkung auf 62 Schriftstellerinnen hat im Wesentlichen zwei Gründe: Die seit dem 17. Jahrhundert tätigen Autorinnen haben ein äußerst umfangreiches Druckwerk hinterlassen, das schlichtweg den Rahmen der Edition gesprengt hätte. Auch konnten aus urheberrechtlichen Gründen nur diejenigen berücksichtigt werden, die seit mehr als 70 Jahren tot und deren Werke dadurch gemeinfrei sind. Weiteres Kriterium der Auswahl war die Einschränkung auf belletristische Werke im weiteren Sinne, wobei je nach Werk der Schriftstellerin auch autobiographische, essayistische oder politische Texte – immer auf Grundlage des Erstdruckes – mit aufgenommen wurden. Reisebeschreibungen, Tagebücher und private Briefe fehlen, dennoch ist ein repräsentatives Nachschlagewerk zur Frauenliteratur gelungen.

Weitere Titel aus dieser Reihe: siehe Anhang

Fazit des Lehrers

Lohnt immer und überall: zu Hause wie in Schule oder Universität. Seriöse Texteditionen und solide Nachschlagewerke, auf die hier in digitalisierter Form komfortabler denn je zurückgegriffen werden kann. Empfehlenswert für Schüler der Oberstufe, Lehrer, Studierende der Literaturwissenschaft sowie Literaturliebhaber gleichermaßen.

Fazit des Schülers

Die Suchfunktionen sind ungeheuer praktisch und sparen mir viel Zeit.

Alter von 12 bis 99
Schulstufe Sek. 1 und 2, lebenslanges Lernen
Anbieter Directmedia Publishing
Genre Nachschlagewerk, Textsammlung
Preis 49,90 € (Bd. 45); 79,90 € (Bd. 1)
ISBN s. Anhang
PC ab 486; 16 MB RAM; VGA-Grafikkarte (640 * 480) mit 256 Farben; Win 95, 98, 2000, NT, ME

Thomas Mann (Systhema Classics)

Nicht jede Neuauflage einer CD-ROM, und sei sie bei ihrem Erscheinen noch so gelobt worden, lohnt den Aufwand. Hier ist das anders: Die «rollenden Sphären» zu Thomas Mann, 1995 selbst vom Literaturpapst Marcel Reich-Ranicki bejubelt, motivieren noch immer zur Auseinandersetzung mit dem Schriftsteller und seinem Werk. Das ist vor allem Verdienst der künstlerisch gestalteten Landschaft, die als scrollbares Panorama den Lebens- und Schaffensweg Thomas Manns veranschaulicht und aus der heraus der Nutzer zu den zahlreichen Bild-, Ton- und Textdokumenten gelangt. Hier wird Neugier und Interesse auch an abseitig Erscheinendem geweckt. Die Software ist an manchen Stellen zwar ein wenig unübersichtlich, aber das muss kein direkter Nachteil sein, da der Benutzer unverhofft an Stellen landet, die seine Neugier wecken und ihn fesseln können. Die Scheibe regt so zum Stöbern an. Nicht ohne Grund sind solche Panoramaleisten auch in jüngeren CD-ROMs – wie etwa der LiteraMedia-Reihe von Cornelsen – wieder zu finden.

Natürlich kann der Mann-Interessierte auch auf systematischeren Wegen zu den Tondokumenten (in der Summe knapp fünf Stunden) und den Textauszügen aus dem Gesamtwerk (über 2500 Seiten aus Romanen, Erzählungen, aber erfreulicherweise auch aus Reden und Aufsätzen) gelangen: konventionell über Listen und historisch angelegte Inhaltsverzeichnisse. Hier ist der CD-ROM viel eher anzumerken, dass sie schon einige Jahre auf dem Buckel hat, da inzwischen elegantere und vor allem optisch ansprechendere Verfahren entwickelt worden sind. Das gilt ganz sicher auch für die Bearbeitungstools, die aber alle nötigen Operationen zulassen: den Ausdruck (auch in Auszügen), das Kopieren in andere Programme zur Weiterbearbeitung und die Übertragung in ein Notizbuch, in dem die Auszüge kommentiert werden können und das sich auch komplett exportieren lässt. Insofern ist ein Einsatz im Unterricht – etwa als erste Begegnung mit Thomas Mann – gut denkbar. Auch für daheim und die individuelle Nutzung bietet die Software viel – nicht nur für Mann-Fans. Ebenso sind Referatsvorbereitungen mit dieser Scheibe möglich.

Der Preis ist zudem im immer teurer werdenden Software-Dschungel eine erfreuliche Überraschung. Recycling lohnt sich offensichtlich für beide: Anbieter und Käufer!

Weitere Titel aus dieser Reihe: siehe Anhang

Fazit des Lehrers

«Die hervorragende Qualität und die verschiedenen, vielfältigen Materialien dieser Produktion bieten Ihnen anspruchsvolle Unterhaltung und ein ernsthaftes Studium» – sagt das Cover. Und das ist ausnahmsweise einmal nicht übertrieben.

Fazit des Schülers

Gibt es davon noch mehr?

Alter von 12 bis 99
Schulstufe Sek. 1 und 2, lebenslanges Lernen
Anbieter United Soft Media
Genre Nachschlagewerk
Preis 15,30 €
ISBN 3-8032-2908-1
PC Pentium 166 MHz; 32 MB RAM; 25 MB HDD; VGA-Grafikkarte (640 * 480) mit 256 Farben; Win 95, 98, ME

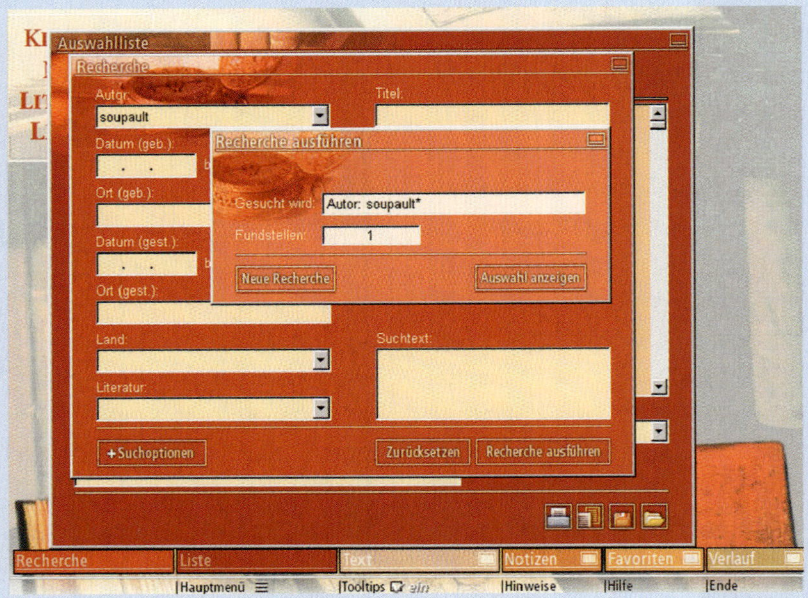

Kindlers Neues Literatur-Lexikon (Systhema)

Der Klassiker in seiner neuen Auflage von 1996 im digitalen Zugriff: «Kindlers Neues Literaturlexikon», in 23 Bänden herausgegeben von Walter Jens. Die CD-ROM beinhaltet wie die Buchversion mehr als 18 000 Beiträge zu Werken der Weltliteratur, Hinweise zu 8000 Autoren und 2000 Anonyma, Sammelbeiträge zur Lyrik und Darstellungen von Kollektivwerken sowie rund 120 Essays zur historischen Entwicklung der Literaturen. Diese Informationsfülle, wissenschaftlich fundiert und belegt, ist kaum zu überbieten.

Die CD-ROM installiert ein Startmodul von 10 MB auf der Festplatte, die Lexikon-Daten selber werden von der Scheibe abgerufen. Das kann schon mal etwas dauern – schneller als bei der Papierausgabe geht es aber allemal.

Das Hauptmenü bietet den Zugang zu den Texten über Autoren oder Werke an; die Essays lassen sich gesondert auflisten. Es erscheint dann eine alphabetisch geordnete Liste, in der der Nutzer biographische Daten, die Titel der besprochenen Werke mit Erscheinungsjahr sowie einer Zuordnung zur Gattung und Nationalliteratur ein- und ausblenden und auch umsortieren kann. Diese Listen führen durch Doppelklick zu den Lexikoneinträgen – nicht besonders einfallsreich, aber effektiv.

Ebenso effektiv ist die stets präsente Bedienerleiste. Am wichtigsten dort ist das Recherchetool, das nach Formulierung einer Abfrage eine Liste relevanter Einträge ausgibt, von denen der Fündige sofort zum Artikel gelangt.

Daneben verfügt die Leiste über Bearbeitungstools: (Text-)Ausschnitte können zur Weiterverarbeitung in andere Programme übernommen oder gesondert im Notizbuch der CD-ROM gespeichert werden. Clou letzteren Verfahrens ist, dass Zitate stets mit den Originaltexten verbunden bleiben. Von den eigenen Notizen aus kann also später auf sie zurückgegriffen werden. Auch für die Favoriten- und Verlaufslisten gilt: Alles kann gesondert abgespeichert und später weiterbearbeitet werden.

Bedauerlich ist lediglich, dass die interne Vernetzung der Artikel zu wünschen übrig lässt. Zwar gibt es hier und da Querverweise, aber nicht mal innerhalb eines Beitrages können Anmerkungen in den Fußnoten direkt angesteuert werden. Da bleibt die elektronische hinter der gedruckten Fassung zurück: Während hier ein Blick genügt, muss der Nutzer bei der digitalen Version hin- und herscrollen und wird im Zweifelsfall die Textstelle auch noch verlieren.

Weitere Titel aus dieser Reihe: siehe Anhang

Fazit des Lehrers

Inhaltlich bietet die CD-ROM die Informationen des 23-bändigen Klassikers, eine Recherche ist hier aber effektiver und vor allem schneller möglich. Sehr einfallsreich oder animierend ist die Umsetzung jedoch nicht. Ein sehr solide gemachtes, nicht gerade preiswertes Hilfsmittel.

Fazit des Schülers

Da riskiere ich mal einen Blick.

Alter von 12 bis 99
Schulstufe Sek. 1 und 2, lebenslanges Lernen
Anbieter United Soft Media
Genre Nachschlagewerk
Preis 203,50 €
ISBN 3-634-99900-4
PC Pentium; 32 MB RAM; SVGA-Grafikkarte (800 * 600); Win 95, 98, 2000, ME, XP

LiteraMedia am Beispiel «Bertolt Brecht – Mutter Courage und ihre Kinder»

Cornelsen setzt die LiteraMedia-Reihe fort, die Terzio 1998 begann: «Cross-Media»-Veröffentlichungen zu deutscher Literatur, die für die Schule als kanonisch gelten kann. Jedes Projekt besteht aus kommentierter Buchausgabe (Suhrkamp), einer Hörkassette und der Software.

Alle CD-ROMs der Reihe besitzen die gleiche Struktur und gliedern sich in vier Teile. Für Bertolt Brechts «Mutter Courage und ihre Kinder» sieht das dann wie folgt aus:

Teil I («Das Schauspiel»), der sich an dem 6. Band der Großen kommentierten Berliner und Frankfurter Ausgabe (1989) orientiert, liegt als Lesetext vor und ist seitenidentisch mit der Suhrkamp-Buchausgabe. Am Rand ist er mit Begriffserklärungen versehen und zusätzlich mit Hyperlinks ausgestattet, durch die der Benutzer zum Wort- und Sacherklärungsteil gelangt. Dem Buchteil nachgestellt ist ein ausführlicher Kommentar, der eine Zeittafel zum

Dreißigjährigen Krieg, Texte zur Entstehungsgeschichte, zur Inszenierung und Verfilmung sowie die Vorlage zu Brechts Schauspiel, die Ballade «Lotta Sväd» von J. L. Runeberg über eine in Schweden legendäre Marketenderin, enthält. Weiterhin beinhaltet der Kommentar Selbstaussagen Brechts zum Stück und zu seiner (Bühnen-)Arbeit, Informationen zur Wirkungsgeschichte anhand von Rezensionen zu der Berliner (1949) und Züricher (1941) Erstaufführung sowie weiterführende Literaturhinweise.

Teil II («Leben und Werk») gibt einen umfassenden Überblick über die Biographie des Schriftstellers und kann sowohl als mit Begriffserklärungen versehener Text am Bildschirm gelesen als auch als illustrierter Hörtext aufgerufen werden. Die Verwendung von überwiegend historischen Fotos im Bildteil vermittelt einen authentischen Einblick in die Schaffenszeit Brechts.

Teil III («Über Mutter Courage») liefert eine große Fülle an Materialien zur Erschließung des Schauspiels. Das Stück wird zunächst Szene für Szene inhaltlich vorgestellt und dann zusammenfassend unter verschiedenen formalen und inhaltlichen Gesichtspunkten analysiert. Schließlich werden Interpretationsansätze (Kritikerstreit 1949, Brechts eigene Interpretation) eingebracht.

Teil IV, der «Anhang», bietet Originaltonaufnahmen eines Mitschnittes aus der Aufführung des Berliner Ensembles vom 16. 6. 1954 sowie Originaltondokumente Bertolt Brechts, Zitatnachweise und eine kommentierte Bibliographie.

Das ist eine Menge Stoff und dennoch übersichtlich zusammengestellt. Verschiedene Navigationselemente ermöglichen ein gezieltes Vorgehen: Nebeneinander stehen ein Inhaltsverzeichnis mit den großen Abschnitten und eines, das die Unterkapitel anzeigt. Dazwischen befindet sich die Navigationsbox, mit deren Hilfe vor- und zurückgeblättert wird oder gezielt einzelne Seiten angesteuert werden können. Eine komplette Übersicht erscheint auf Wunsch in einem separaten Fenster. Die Auswahl geschieht per Mausklick. Und wenn es inhaltliche Beziehungen jenseits dieser linearen Anordnung gibt, sind sie zusätzlich verlinkt. Eine grafische Panoramaleiste oder die Suchen-Funktion führen alternativ zur gewünschten Information.

Neben der inhaltlichen Qualität überzeugen die Programme durch ihre Benutzerfreundlichkeit und eignen sich sowohl für den ungeübten Benutzer als auch für den Profi. Es stehen für die Arbeit mit all diesen Informationen verschiedene Werkzeuge zur Verfügung: Jeder Text (im HTML-Format abgelegt), jedes Bild

lässt sich ausdrucken, in andere Programme oder Dateien exportieren oder auch in ein beigegebenes, virtuelles Notizbuch übertragen (und später natürlich wieder verwerten, exportieren, drucken ...), das sich besonders gut für Exzerpte eignet.

Das alles ist gut und wirklich schön gemacht und strahlt in jeder Beziehung (inhaltlich, grafisch, technisch) Professionalität aus.

Der übersichtliche Aufbau des Programms ermöglicht dem Benutzer zudem einen komfortablen Zugriff und eine schnelle Orientierung: Lehrer oder auch Schüler (zumal wenn die Lehrer die CD-ROM nicht kennen) wird das freuen. Es kommt jedoch mehrfach die Frage auf, ob die gebotenen Daten funktional, also bei der Auseinandersetzung mit dem Drama (oder entsprechend den anderen Werken der LiteraMedia-Reihe) wirklich hilfreich sind – oder nicht vielleicht doch auch Zugeständnis an die riesige Speicherkapazität einer CD-ROM darstellen: Warum wird der Text (des Dramas, der erläuternden Informationen) auch verlesen? Warum ist Brecht selber als Sprecher in der «Maßnahme», bei Proben zum «Kaukasischen Kreidekreis», vor dem «Ausschuss für unamerikanische Tätigkeiten» oder dem

Schriftstellerkongress in Berlin 1956 zu hören? Aber auch umgekehrt: Warum werden nur Tondokumente von Aufführungen, nicht aber Videomitschnitte geboten?

Weitere Titel aus dieser Reihe: siehe Anhang

Fazit des Lehrers

Die Programme sind aufgrund der fundierten Fülle an inhaltlichen und visuellen Informationen und der unkomplizierten Handhabung empfehlenswert sowohl für Schüler, Lehrer, Studierende als auch für Literaturliebhaber. Schön gemacht – wenn auch irgendwie ein bisschen überflüssig.

Fazit des Schülers

Lesen auf CD-ROM? Aber der Medienmix bringt's – vor allem, wenn Lesen allein keinen Spaß macht.

Alter von 12 bis 99
Schulstufe Sek. 1 und 2, lebenslanges Lernen
Anbieter Cornelsen
Genre Nachschlagewerk
Preis 19,95 €
ISBN 3-464-61346-1
PC Pentium; 16 MB RAM; SVGA-Grafikkarte (800 * 600) mit 256 Farben; Win 95 oder höher

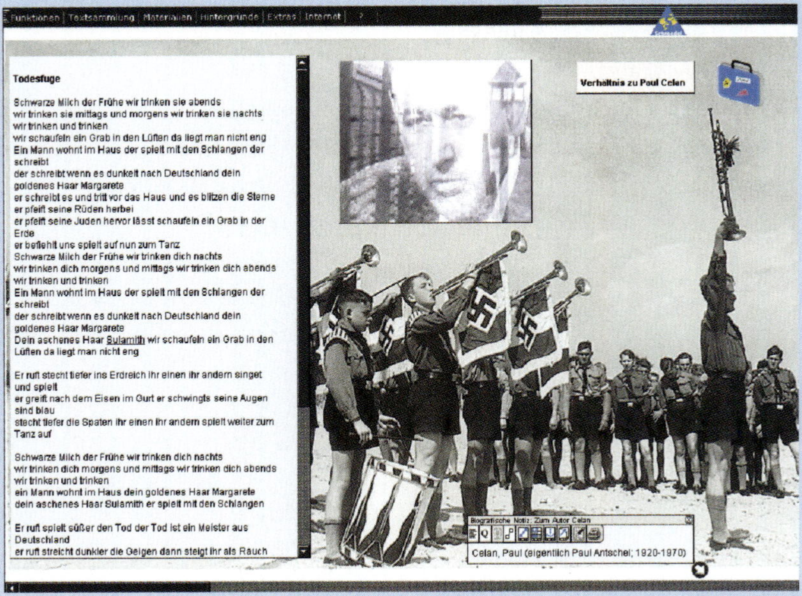

Literatur des 20. Jahrhunderts

Die Software ist Prototyp einer Reihe, in der Schroedel Material zur medienintegrativen Behandlung von Literatur zur Verfügung stellt. Sie besteht aus Textband, Arbeitsheft und einer CD-ROM, die auch eine Handreichung für Lehrkräfte enthält.

Die CD-ROM bietet zunächst einmal viel Material: zumeist gängige, aber auch weniger bekannte Texte, Bilder, Tondokumente und auch Videos. Diese Daten lassen sich aus geordneten Listen auswählen und bearbeiten.

Interessant sind die schon vorbereiteten Zusammenstellungen in zehn Themenkomplexen. Die passenden Materialien werden auf einem Startbildschirm angezeigt und lassen sich von hier gezielt aufrufen. Als Arbeitsanregungen finden sich dort Aufgaben zur kreativ-produktiven Auseinandersetzung mit dem multimedialen Angebot. Ausgesprochen attraktiv sind die Bearbeitungsfeatures: So können etwa aus einer Filmsequenz verschiedene Standbilder herauskopiert, gegenübergestellt, mit Sprechblasen oder Untertiteln versehen und diese «Kompositionen» abgespeichert, ausgedruckt oder per Beamer den Mitschülern zur Kritik vorgeführt werden. Das war so bisher nicht möglich. Nach wie vor tut sich der Deutschunterricht mit der Filmanalyse schwer – nicht zuletzt wegen des technischen Aufwands. Hier ist das anders: Ob Text, Ton oder Bild – die Bearbeitung ist kinderleicht. Die verschiedenen Medien lassen sich auch spielend kombinieren und in Beziehung setzen. Es ergeben sich bisher noch nicht da gewesene und interessante Perspektiven.

Neben der engen Führung durch vorgegebene Materialzusammenstellungen ist eine eigene Auswahl durch den Lehrenden möglich. Eine Erweiterung des Materials durch den Lehrenden oder die Lernenden ist allerdings nicht vorgesehen. Hier werden der Kreativität durch das Programm zu enge Grenzen gesetzt.

Überdenkenswert ist auch die Struktur der Software, die sich eigentlich nur für die individuelle Arbeit an einem PC eignet. Die Zwischenergebnisse sind in einem «Koffer» abspeicherbar, der sich aber nicht mit nach Hause nehmen lässt, um dort mit ihm weiterzuarbeiten, wie es für den Deutschunterricht ausgesprochen typisch ist.

Auch die Kommunikation kommt zu kurz: Kooperative Verfahren, die gerade die Neuen Medien besonders nahe legen, werden behindert, da die Scheibe immer im Laufwerk präsent sein muss – und wenn jeder Schüler eine braucht, ist dies im Verhältnis zu den gewonnenen unterrichtlichen Möglichkeiten zu teuer.

Fazit des Lehrers

Die Software bietet attraktive Möglichkeiten für den kreativ-produktiven Umgang mit den verschiedensten Medien. Allerdings werden typische Anforderungen an das Arbeiten im Deutschunterricht und auch die aktuelle Hardwareausstattung unserer Schulen nicht genügend berücksichtigt. Kurz: Prima Idee, aber noch nicht ausgereift.

Fazit des Schülers

Wow – endlich mal ganz anderer Deutschunterricht.

Alter von 16 bis 99
Schulstufe Sek. 2, lebenslanges Lernen
Anbieter Schroedel
Genre Lern-Software, multimediales Zusatzangebot
Preis 25,00 €
ISBN 3-507-47300-3
PC Pentium 2; 32 MB RAM; ab 95 Win, NT ab 4.0

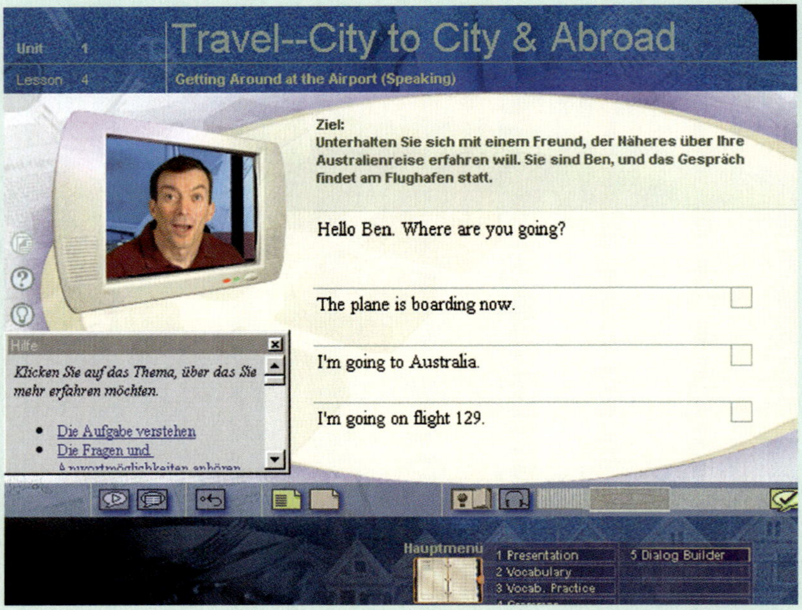
Unit 1
Lesson 4
Travel--City to City & Abroad
Getting Around at the Airport (Speaking)
Ziel:
Unterhalten Sie sich mit einem Freund, der Näheres über Ihre Australienreise erfahren will. Sie sind Ben, und das Gespräch findet am Flughafen statt.
Hello Ben. Where are you going?
The plane is boarding now.
I'm going to Australia.
I'm going on flight 129.
Hilfe
Klicken Sie auf das Thema, über das Sie mehr erfahren möchten.
Die Aufgabe verstehen
Die Fragen und
Hauptmenu
1 Presentation
2 Vocabulary
3 Vocab. Practice
5 Dialog Builder

KAPITEL 3 | *Fremdsprachen*

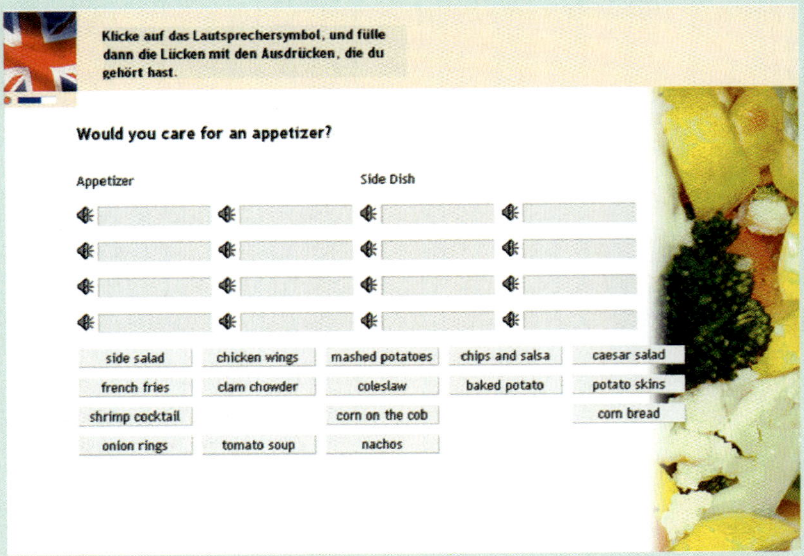

Kommunikationstrainer (TopLingua)

Zunächst die gute Nachricht: Die Programme weisen eine klare Benutzerführung mit übersichtlicher Bildschirmeinteilung auf und reagieren schnell auf Eingaben. Auf dem Cover werden 300 Übungen versprochen. Dazu noch die Beurteilung meiner Aussprache. Klingt nach «Eier legender Wollmilchsau» ...

Tatsächlich handelt es sich um 300 Einzelwörter bzw. Ein-Satz-Redewendungen, die in fast gleicher Prozedur gepaukt werden: Das Programm spricht vor, der User nach. Weiterhin sollen Text und Bild zugeordnet und briefmarkengroße Bildchen mit der Maus verschoben werden. Insgesamt: trostlose Langeweile, da überhaupt keine Abwechslung gegeben ist.

Für jedes Wort gibt es eine Übersetzungshilfe. Ein Beispiel aus dem englischen Trainer: «Yes, it was a bit of a let down.» Bei Klick auf das Wort «bit» erscheint die Hilfebox: «bit: Stück, Bohrereinsatz». Wurde hier nur aus irgendeinem Lexikon herauskopiert? Eine Anpassung an den Kontext hat offensichtlich nicht stattgefunden.

Das größte Manko: Die einzelnen Wendungen sind nicht in Dialogstrukturen eingebettet. Gelernt werden Einzelphrasen, nur bitte keine Zusammenhänge. Es könnte sich ja ein Gespräch entwickeln.

Sicherlich ist es bei reduziertem Sprachumfang schwer, Stereotype zu vermeiden. Aber wirklich sooo schwer? Stereotype kennzeichnen bereits die Verpackung und erst recht die Inhalte: Stierkampf und Flamenco stehen für Spanien; Lateinamerika hingegen kommt gar nicht vor; nicht einmal die Tatsache, dass dort auch Spanisch gesprochen wird, findet Erwähnung.

Ohne Mikrofon kann der Nutzer die Aussprache nicht trainieren und Fortschritte nicht überprüfen. Nachsprechen wird aber fast in der Hälfte der Übungen gefordert. Dennoch kommt das Programm ohne Mikrofon. Nun gut, es ist ja auch recht preiswert.

Besonders fragwürdig ist die Beurteilung der Aussprache: Die Software akzeptiert auch entfernte Ähnlichkeit: Selbst bei einer völlig falschen Betonung oder einer untypischen Satzmelodie attestiert sie fast schon muttersprachliche Kunstfertigkeit und ermittelt 95 % Richtigkeit. Das ist irreführend und verdächtig. Die Prozentangabe erweckt zudem den Eindruck, die Richtigkeit von Aussprache sei zahlenmäßig zu erfassen. Dem stimmen wir zu 99 % nicht zu.

Für die Schule ist das Programm zu monoton, für die auf dem Cover angesprochenen Anfänger und Wiedereinsteiger ebenfalls. Wer bleibt? Menschen, die sich in fremdsprachliche Wörterbücher verwandeln möchten.

Weitere Titel aus dieser Reihe: siehe Anhang

Fazit des Lehrers

Das Programm verspricht mehr, als es halten kann. Wer Lust hat, wie ein Papagei Phrasen zu dreschen, wird hier auf seine Kosten kommen.

Fazit des Schülers

Unter Kommunikation verstehe ich was anderes.

Alter von 14 bis 99
Schulstufe Sek. 1 und 2, lebenslanges Lernen
Anbieter KOCH Media
Genre Übungsprogramm
Preis 10,20 €
ISBN s. Anhang
PC Pentium; 32 MB RAM; SVGA-Grafikkarte (800 * 600) mit 256 Farben; Win 95, 98, 2000, NT

ADDY Junior – Englisch

Das Programm besteht aus zwei CD-ROMs: dem Basisprogramm und dem eigentlichen Englisch-Lernprogramm. Wichtig ist für die Erwachsenen, die das Kind am Computer begleiten, dass sie sich das Benutzerhandbuch anschauen, um eine Übersicht zu bekommen. Außerdem müssen dem Kind unbedingt die Funktionen des Programms erklärt werden.

Zugang zum Lernprogramm finden wir über die Installation des Basisprogramms.

Der untere Bildschirmrand weist sechs Symbole auf. Das Kind fragt dort seinen Punktestand ab, bekommt zu jeder Zeit Hilfe oder wählt bei den Übungen aus drei Schwierigkeitsgraden. Wichtig ist vor allem das Daumensymbol: Darauf muss der Schüler nach jeder Antwort klicken. Zudem kann er sich die Aufgabe wiederholt stellen lassen.

Addy nimmt den Lernenden auf einen Archipel mit, auf dem seine Freunde, die Sweeties, wohnen. Hier hat das Kind die Möglichkeit, sich einen einfachen englischen Wortschatz, der Lebensweltbezug aufweist, anzueignen: Wörter, die auf Reisen, in der Schule, im Theater, beim Einkaufen oder auf der Fahrt durch die Stadt nützlich sind. Der Schüler muss einen englischen Satz verstehen und entsprechend handeln. Beim Einkaufen hört er zum Beispiel «I need milk.» – die Milchflasche muss dann angeklickt werden. Es besteht zwar die Gefahr des Ratens, aber wesentlicher als das reine Vokabellernen ist, dass der Lernende mit der englischen Sprache in Berührung kommt, ein Gefühl für die Sprachmelodie entwickelt etc. Dieser Kontakt dient als Grundlage für später und hat eine positive Einstellung des Kindes der Fremdsprache gegenüber zur Folge.

Das Kind hat immer die Möglichkeit, ein Mikrofon – sofern am heimischen PC vorhanden – zu nehmen, den Satz nachzusprechen und seine Aussprache mit der richtigen zu vergleichen.

Vom Pfahlbaudorf geht es nun weiter in ein großes Haus. Hier erfährt der Spieler unter anderem, wie verschiedene Kleidungsstücke heißen. Weiter lernt er auf einem Naturbeobachtungsstand den Wortschatz zum Wetter, zur Natur und zu den verschiedenen Tieren kennen.

Im Hafen bringt der Lernende englisch gesprochene Geschichten, die durcheinander geraten sind, in die richtige Reihenfolge. Im Baumhaus kann der Schüler dann von sich erzählen: wie er aussieht, was sein Lieblingsspielzeug ist, oder er beschreibt, was er tun wird, wenn er groß ist. Ein gut eingerichtetes Sprachlabor steht ebenfalls zur Verfügung. Hier wird der Wortschatz geübt.

Weitere Titel aus dieser Reihe: siehe Anhang

Fazit des Lehrers

Ein gelungenes Englisch-Programm nach bewährter Addy-Art.

Fazit des Kindes

Ich kenne Addy auch von anderen Fächern und halte ihn für einen prima Lehrer.

Alter von 4 bis 7
Schulstufe Vorschule, Grundschule
Anbieter Vivendi Universal
Genre Lernspiel-Software
Preis 35,90 €
ISBN 2-84226-429-0
PC Pentium 90 MHz; 16 MB RAM; 25 MB HDD; VGA-Grafikkarte (640 * 480); Win 95, 98
ja

Wizadora

Spielerisch Englisch zu lernen, ist das Ziel dieser mit Auszeichnungen überhäuften zauberhaften Sprachreise. Ausgangspunkt ist die Küche der Zauberin *Wizadora*. Schon dort passieren bei einem Mausklick die ungewöhnlichsten Dinge. Per Zufall oder systematisch geleitet gelangt der Schüler zu den acht Stationen Lake District, York/New York, Wembley, Ascot, Ireland, Scotland, Cornwall und Wales. In jeder Station muss er ein Abenteuer bestehen und sich aus einer schwierigen Situation durch das Lösen von Aufgaben und Übungen befreien. Am Ende jeder Etappe gibt es ein Spiel, bei dem Geschicklichkeit oder Glück gefragt sind.

Wizadora ist in ein wahrhaft multimediales Gesamtkonzept eingebunden. Dabei handelt es sich um ein Medienpaket, das die Medien Film, Print, Web und Software integriert. Aufgrund dieser Aufbereitung kann *Wizadora* als vorbildliche Möglichkeit angesehen werden, erste Schritte in der englischen Sprache sowohl in Schule als auch in der Freizeit zu tun, und lässt sich glänzend für das frühe Fremdsprachenlernen Englisch einsetzen.

Wizadora ist klar und übersichtlich

strukturiert und weist an vielen Stellen einen unmittelbaren Lebensweltbezug auf. Überschaubare Einheiten runden den äußerst positiven Gesamteindruck ab.

Die Individualität der Software ist in hohem Maße gegeben, da der Nutzer beispielsweise ausreichend Pausen einlegen kann und sein Spielstand nicht nur gespeichert, sondern gleichzeitig in ein Protokoll eingebunden wird, das Auskunft über seinen Lernstand gibt. Dies gilt auch für mehrere Schüler. Ebenfalls sind sehr viele Lernkontrollen in Form von Übungen, Tests und Spielen eingearbeitet.

Die Aufgabenstellungen sind sehr kindgerecht und fördern das selbständige Lernen. Die Einarbeitungszeit ist gemessen am Nutzen des Programms erfreulich kurz.

Gerade weil *Wizadora* hilft, tradierte Strukturen zu überwinden und individualisiertes Lernen zu fördern, ist es ein sehr interessantes Produkt. Im Unterricht ist es daher besonders in der Stationsarbeit im offenen Unterricht verwendbar, wobei auch der Einsatz im außerschulischen Bereich sehr zu empfehlen ist.

Die Broschüre (Lernmaterialien) mit CD-ROM kostet 9,20 €, die gesamte Senderreihe (acht Folgen auf VHS-Kassette einschließlich CD-ROM und Broschüre) 25 €, eine Einzelfolge 6,65 € – alles zzgl. Versandkosten.

Fazit des Lehrers

Den Kindern wird mit *Wizadora* der frühe Fremdsprachenerwerb durch angemessene und kindgerechte multimediale Gestaltungsmittel mit toller inhaltlicher Aufbereitung erleichtert. Mehr davon!

Fazit des Schülers

Ich wusste gar nicht, dass Englisch so viel Spaß machen kann.

Alter von 5 bis 14
Schulstufe Grundschule, Sek. 1
Anbieter SWR
Genre Lernspiel-Software, Lern-Software
Preis s. Text
ISBN Bestellmöglichkeit per Fax: 07221/929–2027
PC ab 486 XD2–6616; MB RAM; 10 MB HDD; SVGA-Grafikkarte (800 * 600) mit 256 Farben; Win 95, 98, NT

Story World 1 und Story World 2

Die beiden CD-ROMs sind für den frühen Anfangsunterricht Englisch konzipiert.

Die Software wurde jeweils in vier Module gegliedert.

«Story World: Storys and Games» (Modul 1): Hier befinden sich vier bunte Bildergeschichten zum Anschauen und Anhören. Dazu gibt es auf jeder Scheibe jeweils drei Übungen und Spiele pro Story in englischer Sprache. Ein Krokodil erläutert die Aufgaben und steht als sprechende Hilfefunktion in 18 verschiedenen Sprachen den Schülern zur Seite.

Bei den Geschichten der *Story World 1* handelt es sich um bekannte Märchen aus dem englischsprachigen Kulturraum: *Goldilocks and the Three Bears*; *Incy, Wincy, Spider*; *Three Billy Goats Gruff*; *Humpty Dumpty*. Frage ist, ob im Zuge der Amerikanisierung unserer Kinderzimmer diese Geschichten bereits zum Kulturgut der Kinder gehören. Das ist insofern relevant, als die Geschichten in Form eines Sprachbades (Input ausschließlich in der Fremdsprache) angeboten werden, das nur dann Sinn macht, wenn die Kinder den Inhalt der Story bereits beherrschen.

Auf *Story World 2* hingegen wurden *Jack and the Beanstalk*, *Jack and Jill*, *Little Red Riding Hood* und *Hickory, Dickory Dock* verarbeitet. Diese Geschichten sind entweder leicht verständlich oder den deutschen Kindern bekannt.

Ein ABC-Button blendet in der *Story World 1* pro Bild-Ton-Sequenz, die jeweils aus mehreren Sätzen besteht, einen vereinfachenden, zusammenfassenden Satz in englischer Sprache ein, der bei Mausklick auch vorgelesen wird. Hier wäre es hilfreicher gewesen, den Sprechtext schrittweise erscheinen zu lassen, damit ein Zusammenhang zwischen Gehörtem und Gelesenem hergestellt werden kann. Die Sprechtexte sind für deutsche Kinder teilweise viel zu schwer verständlich. Die Sprache müsste stärker reduziert und dem expliziten kindlichen Sprachgebrauch angepasst sein. Für den Anfänger reichen die Zusammenfassungen völlig aus.

Bei *Story World 2* hingegen blendet der ABC-Button die gesprochenen Sätze stückweise schriftlich ein, die bei Mausklick auf die Schrift auch (wiederholt) anzuhören sind. Im Gegensatz zu *Story World 1* entsprechen sich nun die angezeigten schriftlichen und die gehörten Texte. Kinder, die bereits den Lese- und Schreiblehrgang in der Muttersprache absolviert haben, finden in der schriftlichen Anzeige der gesprochenen Texte jetzt ausreichende Hilfen, um die neuen Strukturen als solche auch erkennen und behalten zu können.

Zu jeder Geschichte auf den CD-ROMs gibt es jeweils drei Aktivitäten zu Farben, Körperteilen oder Memories (*Story World 1*) oder Farben, Zahlen, Tieren, Körperteilen und der Uhrzeit (*Story World 2*). Sie fallen unterschiedlich schwer aus, eignen sich aber hervorragend als Ergänzung zum Unterricht. Beim Abarbeiten der Aufgaben sammelt der Schüler Goldsterne. Ab einer bestimmten Anzahl dieser Sterne kann er eine Urkunde ausdrucken.

Hinter «Record your story» (Modul 2) verbirgt sich eine Sprachlaborfunktion, die geschickt in die vier Bildergeschichten integriert ist: Zu mehreren Bildern der Bildergeschichte wird ein Satz vorgesprochen, den der Lernende nachsprechen und aufzeichnen soll. Im Anschluss kann er die Bildgeschichte mit seinen eigenen Sprechtexten im Wechsel mit dem Erzähler anhören.

Die Geschichten und Lieder auf den CD-ROMs lassen sich unter «Listen to the CD» (Modul 3) auch im CD-Audio-Player abspielen.

Lehrer oder Eltern können den Bearbeitungsstand der einzelnen Kapitel und den Leistungsstand ihrer

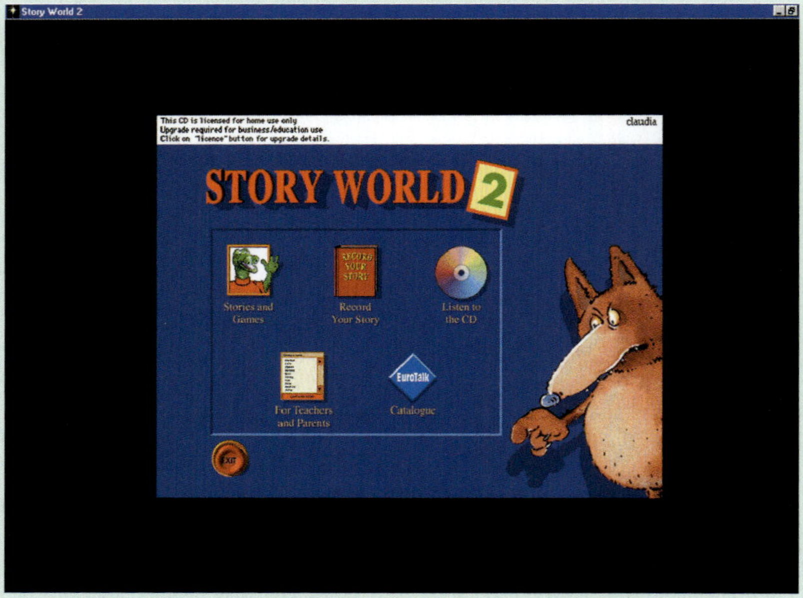

Sprösslinge unter der Rubrik «For teachers and parents» (Modul 4) abrufen und kontrollieren.

Es handelt sich bei beiden Programmen um englische Geschichten von Native speakern, die als Sprachbad präsentiert werden und somit auf Spracherwerbsmechanismen aufsetzen (Immersionsansatz). Damit entsprechen sie einem wichtigen sprachdidaktischen Modell. Bei *Story World 1* allerdings sind die Texte für ein Sprachbad teilweise zu komplex, der Wortschatz ist der Zielgruppe nicht angemessen. Es fehlt Schrift, da ein Mitlesen das Verständnis unterstützen könnte. *Story World 2* räumt diesen Fehler aus, da sich die schriftlichen und gehörten Texte ergänzen.

Die Programme würden noch weiter gewinnen, wenn sie Funktionen zur Vokabelarbeit und Übersetzungshilfen anböten.

Im Englischunterricht ist der Einsatz besonders in binnendifferenzierenden Selbstlernphasen möglich. Auch der Einsatz daheim als Ergänzung zum Unterricht ist zu empfehlen.

Fazit des Lehrers

Bis auf die teilweise recht schwierigen Erzähltexte auf *Story World 1* handelt es sich um gelungene Lernprogramme, die im Rahmen des frühen Fremdsprachenunterrichts ergänzend zum Unterricht zu Hause oder in der Schule eingesetzt werden können. Interessant ist die Sprachlaborfunktion mit anschließender Integration eigener Sprachaufnahmen in die Geschichten. Ebenfalls finden sich sinnvolle, abwechslungsreiche und motivierende Übungen.

Fazit des Schülers

Geschichten find ich toll – und dann auch noch auf Englisch …

Alter von 6 bis 11
Schulstufe Grundschule
Anbieter Max Hueber
Genre Lernspiel-Software, Lern-Software
Preis 9,95 €
ISBN 3-19-002585-1 (1), 3-19-002586-X (2)
PC ab 486; 8 MB RAM; VGA-Grafikkarte (640 * 480) mit 256 Farben; Win 3.1 oder höher, Win 95
ja

Englisch für Kids

«Auf nach England und mit Billy richtig was erleben!» – so wird das Programm vom Verlag vorgestellt. Doch mit dem Erleben hapert es ein wenig, denn eigentlich erlebt der Schüler in diesem Programm rein gar nichts.

Das Programm führt in eine Comicwelt ein, in der sich das Kind unter seinem Namen mit Passwort anmelden kann. Billy kümmert sich sofort um den Spieler und erläutert stimmig die Programmfunktionen. Über ein grafisches Menü kann der Lernende einen der Erlebnisbereiche, zum Beispiel einen Zoo, auswählen. Der präsentiert sich dann als eine Bildkarte: hübsch gezeichnet mit Gehegen, Besuchern, Eis essenden Kindern und einer Mama mit Kinderwagen. Die vom Verlag gepriesene Erlebniskomponente stellt sich jedoch recht einfach dar: Die Kinder können die verschiedenen Bildelemente im Zoo anklicken, worauf das Programm lediglich die Wortbedeutung des angeklickten Objektes wiedergibt, etwa «monkey».

Alle angeklickten Elemente gelangen in eine Schatztruhe. Ein Klick auf das Schatztruhen-Symbol führt auf eine weitere Programmseite. Hier werden die in der Erlebniswelt angesteuerten Objekte als geschriebene Wörter gezeigt. Wer auf das Wort «dog» klickt, hört das englische Wort und soll zusätzlich ein dem Wort zugehöriges Bild anwählen. Als positives Feedback ertönt: «That is right.» Diese Art der Bearbeitung wird in allen weiteren Erlebniswelten fortgesetzt. Wirklich sehr spannend und erlebnisreich ...

Positiv fällt das integrierte deutsch/englische und englisch/deutsche Wörterbuch auf. Hier sind alle Wörter alphabetisch aufgeführt. Einzelbegriffe werden auf Klick vorgesprochen, die deutsche Bedeutung des englischen Begriffes angezeigt. Zusätzlich gibt es einen Beispielsatz, in dem das Wort vorkommt. Auch dieser wird auf Wunsch vorgesprochen. Leider hat diese Beispielstruktur keinen Bezug zur Bildkarte der angebotenen Erlebnisbereiche.

Als weiteres Modul präsentiert sich der Worttrainer in Form einer Tafel – wer erinnert sich nicht mit Grausen an das «Please come to the blackboard!», wenn Schüler in der Klasse vom Lehrer abgehört wurden?! Das Programm präsentiert einen englischen Begriff und bietet drei deutsche Antwortalternativen an, unter denen die richtige angeklickt werden soll. «That is right. / That is wrong.» kommt als Feedback, und dann wird zum nächsten Wort übergegangen. Nicht gerade sehr hilfreich.

Weitere Titel aus dieser Reihe: siehe Anhang

Fazit des Lehrers

Die Aussprache wird korrekt wiedergegeben. Aber motivierend ist das nicht gerade. Auch lernt der Schüler dabei kaum etwas.

Fazit des Schülers

Langweilig.

ALTER ab 7
SCHULSTUFE Grundschule
ANBIETER HEUREKA Klett
GENRE Lern-Software
PREIS 49,90 €
ISBN 3-12-133111-6
PC ab 486; 8 MB RAM; 5 MB HDD; VGA-Grafikkarte (640 * 480) mit 256 Farben; Win 3.1, 95

Emil und Pauline in England –

My first English

Nach dem Programmstart kommt der Schüler in eine schön gestaltete Comicwelt. Emil, der Bär, und Pauline, die Pinguindame, führen ausführlich in die Spielbedienung ein. Nach der Anmeldung lernt der Nutzer dann die phantasievollen Übungen kennen.

Klickt er auf eines der Elemente der Comicwelt, findet er sich vor einem neuen Szenario wieder – zum Beispiel vor einer Schweinevilla mit vielen verschiedenen Einrichtungsgegenständen. Emil erklärt die Aufgabenstellung. Danach klickt der Spieler auf Start (ein Stiefel-Symbol), und die Präsentation der für die Aufgabe notwendigen neuen Vokabeln geht los. Die Begriffe werden in Form gezeichneter Bildkarten (Wortkarten) angezeigt. Fährt das Kind mit der Maus über eine Abbildung, wird der entsprechende Begriff deutlich und langsam vorgesprochen. Dieses Explorieren lässt sich beliebig oft wiederholen. Dabei nennt das Programm nur Einzelbegriffe und bettet nicht in Satzstrukturen ein. Auf den ersten Blick erscheint dies als zu starke Reduzierung. Die Übungsaufgaben, zu denen der Spieler nach

Beendigung der Wörterarbeit gelangt, gleichen dieses Manko jedoch aus, da er dort mit einfachen Strukturen konfrontiert wird. Hier kommen die eben geübten Vokabeln vor, deren Bedeutung aus der gegebenen Erklärung und der gezeichneten Darstellung eindeutig hervorgeht.

Es werden drei frei wählbare Schwierigkeitsgrade angeboten, die je nach Wahl die Zahl der neuen Vokabeln und Aufgaben reduzieren oder erhöhen, nicht aber die Komplexität der Aufgabe selbst verändern. Die Inhalte werden primär durch Bild und Ton präsentiert. Die langsame und korrekte Aussprache der Vokabeln ist besonders gut gelungen und für den Anfänger geeignet. Schrift wird nur begleitend eingesetzt. Der Lese- und Schreiblehrgang der Grundschule muss also noch nicht vollkommen abgeschlossen sein.

Wenn das Spiel einige Male durchgespielt wurde, stört die permanente Wiederholung der sonst anspruchsvollen und interessant umgesetzten Übungen.

Das Programm ist kein Lernprogramm im klassischen Sinne, eignet sich aber hervorragend zur spielerischen Übung oder Vertiefung im Rahmen einer Binnendifferenzierung des Unterrichts. Auch der unterrichtsbegleitende Einsatz daheim ist denkbar.

Die Software führt an erste Strukturen und Vokabeln der englischen Sprache heran und vermittelt damit wesentliche Grundlagen für den Fremdsprachenerwerb.

Weitere Titel aus dieser Reihe: siehe Anhang

Fazit des Lehrers

Ein einfaches, aber motivierend realisiertes Sprachlernspiel für den Anfangsunterricht Englisch in schön gestalteter grafischer Umgebung.

Fazit des Schülers

Emil und Pauline find ich richtig Klasse.

Alter von 7 bis 9
Schulstufe Grundschule
Anbieter United Soft Media
Genre Lernspiel-Software
Preis 16,90 €
ISBN 3-8032-4120-0
PC Pentium 166 MHz; 32 MB RAM; 3 MB HDD; SVGA-Grafikkarte (800 * 600) mit 24-Bit (True Color); Win 95, 98, ME, 2000, XP
 ja

Alfons' Abenteuer – Englisch 3

Alfons, der auf einer Insel verschollen ist, soll durch das Sammeln von Gegenständen und die Bearbeitung von Übungen, Rätseln und Konzentrationsspielen seine Rettung in die Wege leiten.

Das Intro vermochten wir nicht zu überspringen. Keine Frage: Die Animation ist gut gemacht, doch ob wir sie jedes Mal sehen müssen?

Nachdem Alfons auf der Insel gestrandet ist, kann er vorzeitig per Mausklick in den Urwald geschickt werden. Er rennt dann durch den Wald, während im Hintergrund immer noch ein nerviger Vogel plappert und gleichzeitig die aufdringliche Hintergrundmusik läuft. Hier scheint das Programm nicht gegen Fehleingaben gefeit. Irgendwann blieb Alfons dann stehen und schlug Wurzeln. Nix ging mehr. Erst nach einer Weile wurde den Spielern klar, dass ein magischer Ring, für den jede Erklärung fehlt, Alfons umdreht.

Bei der Zuordnung von gesprochenen Tierbezeichnungen zu beschrifteten Bildern werden diese eigentümlicherweise stets großgeschrieben – das Englische bevorzugt Kleinschreibung. Bevor Alfons allerdings diese Übung bewältigen durfte, vergingen beim Test mit einem älteren PC (AMD 300 MHz, 256 MB RAM) mehrere Minuten des Zuschauens und Wartens. Dann galt es, Zahlen zuzuordnen. Nun ist für eine dritte Klasse kein atemberaubendes Lerntempo anzusetzen, dennoch wurde die Zeit des Ausharrens auf die nachfolgende Anforderung arg lang. Trotz 256 MB RAM gestaltete sich der Spielablauf zähflüssig. Wenn die Bildschirmauflösung – wie im Begleitheftchen empfohlen – reduziert wird, hört zumindest das Ruckeln beim Bildaufbau auf, auch klingt der Ton dann nicht mehr zerhackt. Was bleibt, ist die sehr schwerfällige Reaktion auf Tastatur- oder Mauseingaben. Gerade bei einem an Jump 'n' Run orientierten Lernprogramm ist die Steuerung das A und O. Hier aber nur Y und Z. Da kommt partout kein Spielspaß auf.

Der Testdurchlauf mit einem 1,4 GHz-PC zeigte einen flüssigen Bildaufbau, eine saubere grafische Darstellung und korrekt laufenden Ton. Allerdings raste Alfons mit ungestümen 1,4 GHz unaufhaltsam durch den Wald. Die Aufgaben und Energie-Packs flitzten vorbei, bevor Alfons sie erhaschen konnte. Vielleicht waren wir auch viel, viel zu ungeschickt. Die Geschwindigkeit konnten wir allerdings nicht variieren. Eins jedoch wurde auch uns schnell klar: Unter anderem sollen sich drehende Schroedel-Logos erhascht werden, um Aufgaben zu erhalten. Diese Form der Werbung ist dreist.

Ärgerlich: Nach einem Neustart fand sich der zuvor eingetragene Username nicht in der Liste der angemeldeten Spieler – trotz Speicherns.

Alfons, so mögen wir dich nicht.

Weitere Titel aus dieser Reihe: siehe Anhang

Fazit des Lehrers

Wer hätte gedacht, dass ich dem alten Alfons nachtrauere ...

Fazit des Schülers

Sorry, aber wenn die Steuerung nix taugt, kann das Ding in die Tonne.

Alter von 8 bis 10
Schulstufe Grundschule
Anbieter Schroedel
Genre Lernspiel-Software
Preis 19,95 €
ISBN 3-507-60053-6
PC Pentium; 32 MB RAM; 50 MB HDD; SVGA-Grafikkarte (800 * 600) mit 16-Bit (High Color); Windows 95, 98, NT 4.0, ME, 2000
ja

Englisch kinderleicht mit Julius und Calico – Around the World (Tell me more Kids)

Nach dem ersten Programmstart gibt der Schüler seinen Namen ein und bestimmt eine Spielfigur. Danach gelangt er zur Startseite, einer Comicwelt mit sehr vielen einzelnen Schauplätzen wie Strand, Stadt, Bergen, Savanne oder Arktis, die alle per Mausklick erreichbar sind. Hier kann der Lernende durch Klick auf die verschiedenen Abbildungen die englischen Wortbedeutungen erfragen: Es erscheint ein Notizblock mit der Abbildung und dem Wort des gewählten Objekts oder Lebewesens, zum Beispiel «elephant». Das Wort spricht ein Native speaker vor, Schrift und Bild werden angezeigt. Auf diese Weise erkundet der Spieler seine Umgebung. An jeden Ort sind Spiele, Karaoke und Trickfilme gekoppelt, die sich auf den Inhalt des Handlungsrahmens beziehen. Hier ist der Sprung von der Einzelwort-Erklärung zum komplexen Trickfilmangebot zu hoch, fast schon ein Bruch.
Frühester Einsatz des Programms

sollte daher im dritten Lernjahr Englisch erfolgen.

Zu jedem Schauplatz gibt es vier bis fünf hervorragend realisierte Trickfilme (von leicht nach schwer), die in Einzelsequenzen gegliedert sind. Der jeweils gesprochene Satz wird als Schrift eingeblendet. Eine Sprachlaborfunktion ermöglicht das Wiederholen einzelner Sätze, die der Schüler nachsprechen und mit der Vorlage vergleichen kann. Dabei wird die Intonation der Sätze graphisch angezeigt, sodass auch die eigene Intonationskurve mit der Vorlage zu vergleichen ist.

Neben den Filmen findet sich für jede Umgebung auch eine Reihe von Lernspielen wie Memories oder Zuordnungsaufgaben. Diese Spiele sind sehr motivierend und abwechslungsreich gestaltet. Dabei gibt es drei verschiedene Spielarten, die den Bereichen «Entdecken, Erkennen und Benennen» zuzuordnen sind, also systematisch von der passiven zur aktiven Sprachkompetenz führen. Dieser progressive Aufbau entspricht neuesten didaktischen Anforderungen. Auch bieten die Spiele verschiedene Schwierigkeitsgrade, die sich im weiteren Verlauf automatisch erhöhen und immer größere Anforderungen an den Lernenden stellen.

Die Navigation ist sehr gut intuitiv bedienbar und die Hilfefunktion jederzeit zugänglich.

Lästig ist das permanente Wechseln der CD-ROMs beim Abspielen der Trickfilme.

Weitere Titel aus dieser Reihe: siehe Anhang

Fazit des Lehrers

Das Programm ist sehr aufwendig und durchdacht umgesetzt und weist eine äußerst motivierende Lernspielumgebung auf. Da der Lernspielcharakter im Vordergrund steht, ist es vor allem für den Nachmittagsmarkt geeignet, in der Schule aber auch im Rahmen der Freiarbeit nutzbar.

Fazit des Schülers

Ist zwar ein bisschen unübersichtlich, bringt mir aber die Sprache näher.

Alter von 10 bis 11
Schulstufe Sek. 1
Anbieter Cornelsen
Genre Lernspiel-Software
Preis 40,85 €
ISBN 3-464-31010-8
PC Pentium 166 MHz; 32 MB RAM; 100 MB HDD; VGA-Grafikkarte (640 * 480) mit 16-Bit (High Color); Win 95 und höher

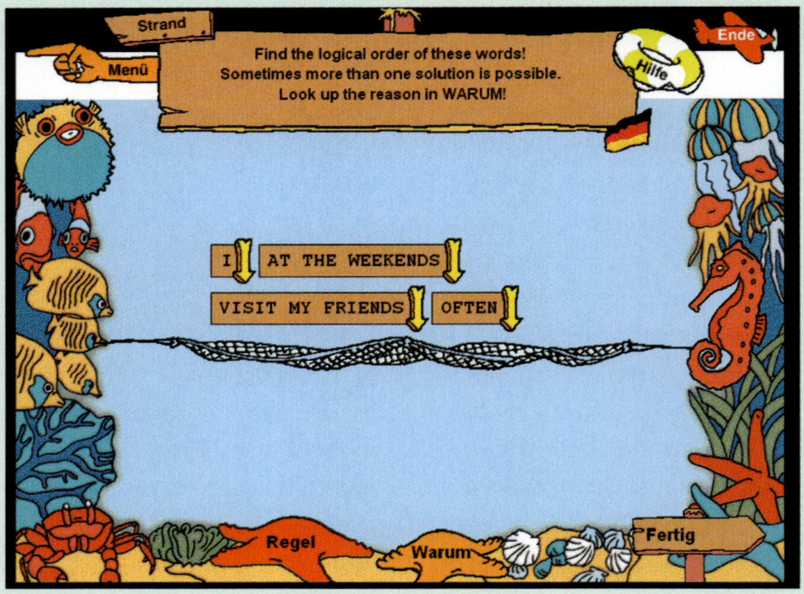

Ponky II Englisch gezielt –

5. + 6. Klasse

Englisch gezielt erweist sich als interessant realisiertes Spiel- und Übungsprogramm, wobei die Software etwa 2500 Einzelaufgaben beinhaltet. Weitere finden sich im Internet.

Gleich nach dem Start macht Ponky, ein 10-jähriger Junge, den Lernenden mit der Programmumgebung in einer altersgemäßen, aber nicht übertriebenen Sprache vertraut. Das Hauptmenü präsentiert sich als coole Strandszene: ein Bikini-Mädchen im Sonnenstuhl (Testbereich), ein Leuchtturm (Quiz), ein Piraten-Dreimaster (Spiele) und eine Flaschenpost im Wasser (Übungen).

Die Spiele (Memory, Fangspiel und Strandball) und das Quiz (Fragen zur Allgemeinbildung) haben nichts mit dem Englischlernen zu tun und präsentieren sich in deutscher Sprache. Diese Bereiche sind spielerische Umgebungen, in die das Englischprogramm eingebettet ist. Natürlich gehört Spielen zum Lernen dazu, aber hätte hier nicht beides sinnvoll kombiniert werden können?

Der Lernteil besteht aus einer Auswahl von Übungen und entsprechenden Tests des Stoffes der 5. und 6. Klasse zu den Gebieten *Wörter*, *Satzbildung*, *Nomen*, *Pronomen*, *Präpositionen*, *Adjektive*, *Adverbien*, *Verben*, *Zeiten* und *typische Anglizismen*. Zu den Übungen liefert die CD-ROM ausreichende Erklärungen, der Übungsbereich stellt zu obigen Themen Lückentext, Auswahl-, Zuordnungs- oder Drag-'n'-Drop-Aufgaben. Jede Lösung wird erläutert und begründet («Regeln» und «Warum»). Dieses Kapitel eignet sich zur Wiederholung oder Übung von bereits gelerntem Stoff.

So auch der Testbereich. Hier kann der Schüler seinen Wissensstand zu den Themenbereichen überprüfen. Jeder Test besteht aus mehreren Aufgaben, die in einer festgelegten Zeitspanne gelöst werden müssen. Ausgewertet wird das Ergebnis in Notenform und nach Art und Anzahl der Fehler aufgeschlüsselt. Jede einzelne Testfrage wird durchgegangen. Es ist somit genau zu sehen, in welchen Gebieten noch Nachholbedarf besteht.

Sowohl Auswahl der Aufgaben als auch das Ergebnis kommentiert Ponky lautstark in altersangemessener Sprache. Es folgen immer wieder Ermutigungen. Diese Art der Ansprache wird subjektiv als wirkliche Präsenz der Figur Ponky erfahren, die lobt, kritisiert und aufbaut. Das motiviert.

Englisch gezielt kann unterrichtsbegleitend im Englischunterricht, in der Freiarbeit, aber auch zur Vertiefung und als Übung daheim eingesetzt werden.

Weitere Titel aus dieser Reihe: siehe Anhang

Fazit des Lehrers

Ein echt cooles Spiel- und Übungsprogramm für Schule und daheim. Lockere und motivierende Lern- und Spielumgebung.

Fazit des Schülers

Ponky mag ich, der ist für mich da und lobt mich.

Alter von 10 bis 13
Schulstufe Sek. 1
Anbieter Engel Edition
Genre Lern-Software, Lernspiel-Software, Übungsprogramm
Preis 35,95 €
ISBN 3-932258-34-7
PC ab 486 DX; 16 MB RAM; Win 95, 98, 2000, ME, NT

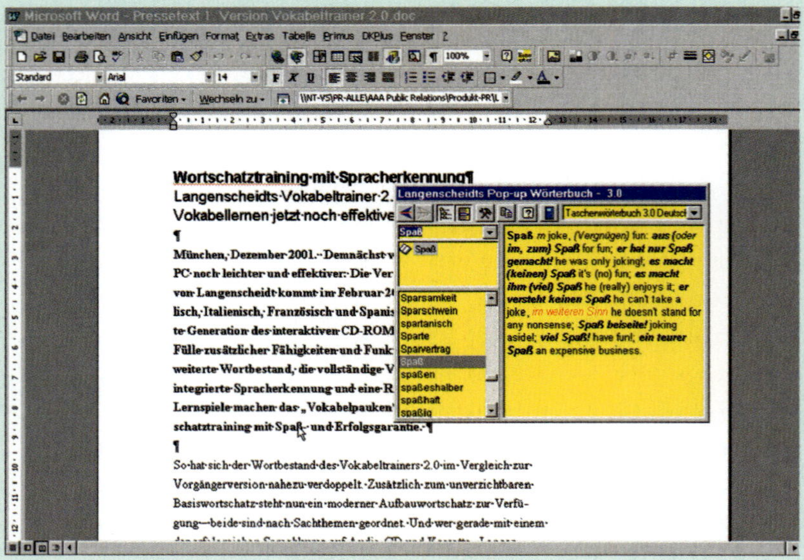

Langenscheidts Pop-up-Wörterbuch Englisch – Deutsch 3.0

Das vorliegende deutsch-englische/englisch-deutsche Pop-up-Wörterbuch ist ein vielseitiges, schnelles und effektives Übersetzungswerkzeug, das im Hintergrund der Anwendungen mitläuft und sich so in jeder Windows-Umgebung und auch in Browsern für das Internet einsetzen lässt. Gerade in der Webumgebung mit ihren vielen englischen Begrifflichkeiten ist es von besonderem Wert. Gerät der Benutzer an unbekannte Wörter, klickt er diese mit der rechten Maustaste an – und siehe da: Der entsprechende Wörterbucheintrag erscheint komfortabel in einem Pop-up-Fenster. Sehr praktisch, sehr schnell.

Ist eine eindeutige Übersetzung eines Ausdrucks nicht möglich, wird der Wörterbucheintrag in einem so genannten Listenfenster angezeigt. Hier können die verschiedensten Wortbedeutungen abgerufen und per Klick in den Zwischenspeicher kopiert werden, von dem aus einer Weiterverarbeitung, beispielsweise in einem Word-Dokument, nichts mehr im Wege steht. Auf diese Weise lassen sich elegant eigene Vokabelblätter und Vokabelhefte am PC erstellen.

Neben der Aktivierung des Wörterbuchs durch die rechte Maustaste (Standard-Modus) lässt sich auch ein Komfortmodus auswählen, bei dem der Mausklick nicht nötig ist. Die gesuchte Übersetzung erscheint etwas zeitverzögert als QuickInfo, sobald der Mauszeiger über einem Begriff verweilt. Die Kopierfunktion ist dabei im Pop-up-Fenster nicht aktiv. Durch eine zusätzliche Taste schaltet die Anzeige jedoch in das Listenfenster um, sodass die gefundenen Worteinträge bei Bedarf wie gehabt in die Zwischenablage kopiert und in eine Textverarbeitung eingefügt werden können.

Die Software arbeitet in beide Richtungen: Auch deutsche Wörter zeigt sie in ihrer englischen Übersetzung an.

Das Wörterbuch erkennt zuverlässig gebeugte Wortformen in beiden Sprachen. In seltenen Fällen erkannte das Programm Begriffe nicht korrekt, Probleme gab es auch bei mit Bindestrich versehenen Ausdrücken.

Gerade die permanente Verfügbarkeit des Lexikons und die Möglichkeit der Weiterverarbeitung machen die Software zu einem vielseitigen und gelungenen Werkzeug. Es ist ein universelles Hilfsmittel bei allen in Programmumgebungen angezeigten englischen Texten. Englischsprachige Online-Recherchen im fachübergreifenden Unterricht werden ebenso wie der Umgang mit fremdsprachigen Hilfstexten mancher Programme erleichtert.

Weitere Titel aus dieser Reihe: siehe Anhang

Fazit des Lehrers

Ein gelungenes Übersetzungswerkzeug für alle Altersstufen im privaten, schulischen oder beruflichen Einsatzbereich.

Fazit des Schülers

Superpraktisch. Leider bei Klassenarbeiten nicht erlaubt.

Alter ab 12
Schulstufe Sek. 1 und 2, lebenslanges Lernen
Anbieter Langenscheidt
Genre Nachschlagewerk
Preis 35,90 €
ISBN 3-468-90609-9
PC ab 486; 8 MB RAM; 8 MB HDD; VGA-Grafikkarte (640 * 480) mit 256 Farben; Win 95, 98, NT 4.0 oder 5.0

Welcome to Mean City

Der Spieler landet auf dem Flugplatz von *Mean City*. Dort nimmt er ein Taxi in Richtung Stadt. Ab der Landung ist der Schüler in der Rolle des Reisenden in einer Comicwelt in Interaktion mit anderen handelnden Personen (Native speaker). Diese Interaktionen führen dann zu neuen Szenarien. So unterhält er sich beispielsweise mit dem Taxifahrer, der in den Comic als Videosequenz eingeblendet wird. Auf die realsprachliche Ansprache des Fahrers reagiert er durch Auswahl von Sprechblasen, auf die sein Gegenüber wieder durch Realsprache im Video antwortet. Diese Dialogsituationen sind sehr authentisch und fördern die Kommunikationsfähigkeit erheblich.

Durch das Gespräch mit dem Taxifahrer erhält der Spieler wertvolle Hinweise, die ebenso wie weitere Dialoge zur Lösung des Krimis beitragen. Etwas verwirrend wird es, sobald sich der Spieler auf sich alleine gestellt durch die Stadt bewegt. Hier besteht die Gefahr des Verirrens, da er in den Straßen und auf anderen Schauplätzen frei navigieren kann. Dieses explorative Vorgehen mag allerdings Erwachsene vor größere Probleme stellen als Jugendliche.

Hier wäre auf jeden Fall eine situationsgebundene Hilfe sinnvoll.

Ansonsten ist die Kriminalhandlung gelungen. Um die Aufgabe zu lösen, muss sich der Spieler mit der Sprache vertraut machen. Das integrierte sprechende Wörterbuch ist am Wortschatz der Handlung orientiert. Der Nutzer hört hier Strukturen und Wörter an und lässt sich die deutsche Übersetzung anzeigen. Er kann während des Spiels Spielstände abspeichern und in den Comicsequenzen rückwärts blättern. Neben der situativen Immersion (Sprachbad, also fremdsprachlicher Input in der Handlung) wird das Programm durch ein mitgeliefertes Workbook mit vielen Übungen zu Grammatik und Wortschatz der Handlung ergänzt. Hier vertieft der Spieler seine in der Aktion gelernten sprachlichen Kenntnisse. Hilfreich sind an dieser Stelle auch die Lösungen der Aufgaben, die eine Lernzielkontrolle ermöglichen. Diese Übungen hätten auch als interaktiver Bestandteil im Spiel als Lernteil integriert werden können. Die Trennung von Software und Arbeitsbuch ermöglicht jedoch auf der anderen Seite einen differenzierten Einsatz im Klassenzimmer. Hier ist es denkbar, dass sich einzelne Schüler oder Gruppen mit dem Programm am PC beschäftigen, während andere am Arbeitsplatz im Klassenraum die Übungen im Workbook bearbeiten.

Fazit des Lehrers

Ein gelungenes Sprach-Adventure, das sich durch die dialogische Struktur in authentischen Sprachsituationen mit Native speakers auszeichnet.

Fazit des Schülers

Endlich mal was anderes.

Alter ab 12 und ab 2. Lernjahr
Schulstufe Sek. 1
Anbieter HEUREKA Klett
Genre Lernspiel-Software
Preis 39,90 €
ISBN 3-12-135048-X
PC ab 486 mit 50 MHz; 8 MB RAM; 20 MB HDD; VGA-Grafikkarte (640 * 480) mit 256 Farben; Win 3.1, 95
ja

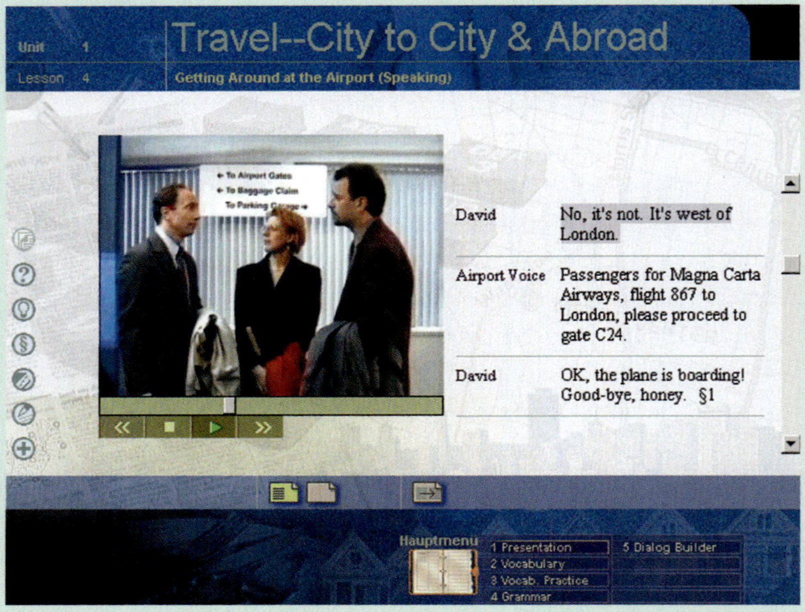

Syracuse English Learning Course – Beginner

Das Programm umfasst acht Kapitel zu Themen wie Reisen, Stadt, Restaurant, Zuhause / Familie, Freizeit. Die wiederum sind in Lektionen eingeteilt, in denen je nach Lernziel (Sprechen, Hörverständnis, Leseverständnis, Schreiben, Wortschatz, Grammatik) Texte, Videos oder Audios präsentiert werden. Ferner gibt es eine eigene Arbeitsumgebung zum Vokabellernen, Grammatik sowie Spiele und Vertiefungsübungen. Die Vokabeln der verschiedenen Kapitel werden vorgesprochen, wenn der Nutzer mit dem Mauszeiger darüber fährt. Leider wird dabei das jeweils angezeigte Satzbeispiel nicht vorgetragen. Die Übersetzung kann zusätzlich eingeblendet werden.

«Vocabular Practise» liefert Übungen in Form von Lückentexten, Zuordnungsaufgaben (Drag 'n' Drop) mit Fehleranalyse und Anzeige der korrekten Lösungen.

Die Übungsformen sind optimal auf die oben genannten Lernzielbereiche abgestimmt. Hier wechseln sich Texte, Videos und Audios ab – Methodenvarianz herrscht vor. Besonders hervorzuheben sind die Rollenspiele bei Dialogen. Die integrierte Tonaufnahme ermöglicht hier die Übernahme von frei wählbaren Sprecherrollen, über die sich der Nutzer in Dialoge aus Videosequenzen integrieren kann.

Besonders gut ist die Funktion des «Dialogue Builder» realisiert, da auch hier der Lernende unmittelbar in eine Gesprächssituation einbezogen wird: Ein Gegenüber stellt ihm Fragen. Aus einer Auswahl möglicher Antworten antwortet er direkt in das Mikrofon. Anschließend wird der gesamte Dialog inklusive der Audiosequenzen des Schülers abgespielt. Er erfährt sich als Teil der Dialogsituation und erlebt seine Sprachproduktionen im Kontext einer realen Gesprächssituation.

Neben diesen besonders hervorragenden Programmfunktionen gibt es auch eine Vielzahl nützlicher Zusatzfeatures wie etwa den integrierten Notizblock, das Wörterbuch oder eine Lernfortschrittskontrolle, die das Konzept des Programms abrunden.

Besonders geeignet ist die Software für erwachsene Berufstätige, die ihre verblichenen Englischkenntnisse aufpolieren möchten. Wenn Schule sich vom Lehrplan löst und das reine Fremdsprachenlernen zum Ziel hat, ist das Programm auch hervorragend geeignet, um den traditionellen Unterricht lehrplan- und lehrbuchunabhängig zu begleiten.

Weitere Titel aus dieser Reihe: siehe Anhang

Fazit des Lehrers

Ein gelungenes, schlüssiges und intelligent realisiertes Programm, das seinen Platz sowohl im Unterricht der Sekundarstufe als auch beim «Freizeitlerner» finden kann.

Fazit des Schülers

Mit dem «Dialogue Builder» ist es so, als ob ich mich richtig unterhalte.

Alter von 14 bis 99
Schulstufe Sek. 1 und 2, lebenslanges Lernen
Anbieter Vivendi Universal
Genre Lern-Software
Preis 34,95 €
ISBN 2-84226-375-8
PC Pentium 166 MHz; 32 MB RAM; 115 MB HDD; SVGA-Grafikkarte (800 * 600);16-Bit (High Color); Win 95, 98, NT

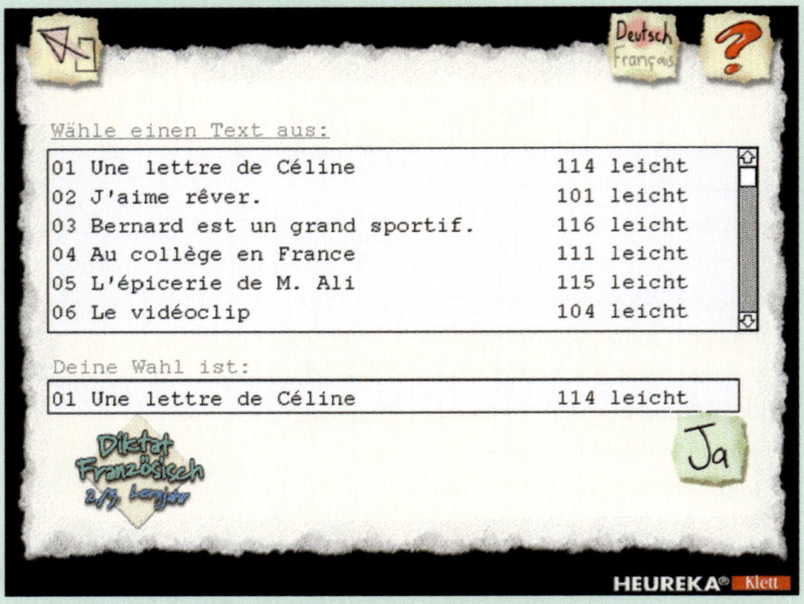

Diktat Französisch (Clever Lernen)

«Clever Lernen – super Noten» wird auf der Packung versprochen. So etwas trifft genau ins Herz engagierter Eltern, die ihren Sprösslingen (und sich) etwas Gutes tun wollen. Schüler der 8. und 9. Klasse, auf die das Programm zugeschnitten ist, haben der Erfahrung nach aber selten Lust, zusätzlich zum normalen Unterricht Rechtschreibung zu üben. Wenn sie es denn müssen oder sich – besser noch – frei dazu entscheiden, treffen sie mit *Diktat Französisch* auf ein Programm, das nett gestaltet ist und ansprechende und nicht zu schwere Texte beinhaltet. Die Software fordert durch den teilweise unbekannten Wortschatz heraus und motiviert durch die individuelle Fehleranalyse. Regeln werden verständlich erklärt. Die Scheibe erlaubt dem Schüler, unabhängig vom Unterricht zu üben.

Ein grundsätzlicher Nachteil solcher Diktatprogramme liegt jedoch in der Tatsache, dass mit ihnen nur die Fertigkeit Rechtschreibung geschult wird. Die stellt für Schüler jedoch nicht das Hauptproblem im Umgang mit der französischen Sprache dar und kann mit Hilfe von Computerprogrammen nur begrenzt gefördert werden. Wichtiger für Schüler ist die Fähigkeit zur Selbstkontrolle ihrer Erzeugnisse. Diese fällt beim Benutzen der Software völlig flach, da der Computer natürlich alle Fehler findet. Die Schüler sollten besser lernen, ihre (Rechtschreib-)Fehler selber zu entdecken und (besonders wichtig!) eigenständig zu eruieren, warum ihnen genau dieser oder jener Fehler unterlaufen ist. Dass sich durch die Fehleransage per Computer ein echter Lernerfolg einstellt, ist zumindest anzuzweifeln.

Wichtig ist, dass die Diktate von Native speakers vorgetragen werden. Dies garantiert eine fehlerfreie und klare Aussprache der Texte, die sich so mancher Schüler erträumt. Die Verbesserung der Aussprache, die durch das Programm ebenfalls angestrebt wird, ist über die Software allerdings nur begrenzt möglich, da der Computer nicht die Aussprache kontrolliert und nur wenige Schüler in der Lage sind, bei sich selber auf richtige Artikulation zu achten. Dies gilt vor allem, wenn sie mit Rechtschreibung beschäftigt sind, die ihre ganze Aufmerksamkeit fordert. Eine Trennung der Bereiche Rechtschreib- und Ausspracheförderung erscheint daher sinnvoll.

Dafür, dass das Programm unterm Strich der Verbesserung nur einer Fertigkeit dient, ist es zudem relativ teuer.

Weitere Titel aus dieser Reihe: siehe Anhang

Fazit des Lehrers

Wer die französische Rechtschreibung daheim pauken will oder soll, mag es hiermit versuchen. Für «super Noten» (Verlagstext) reicht Rechtschreibtraining allein aber nicht.

Fazit des Schülers

So macht mir das keinen großen Spaß.

Alter ab 13 (2. / 3. Lernjahr)
Schulstufe Sek. 1
Anbieter HEUREKA Klett
Genre Übungsprogramm
Preis 34,90 €
ISBN 3-12-143214-1
PC ab 486 SX 25; 8 MB RAM; 3 MB HDD; VGA-Grafikkarte (640 * 480) mit 256 Farben; Win 3.1, 95

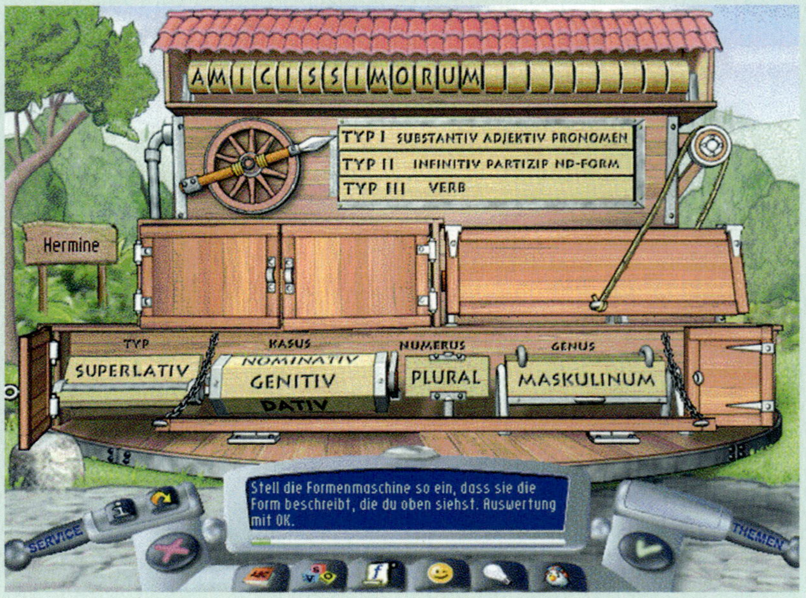

disco – 2./3. Lernjahr

Nach dem *English Coach* und dem Französischprogramm *Franciel* verwendet auch *disco* eine bewährte Cornelsen-Programmoberfläche – für den einen willkommen, da er sich gleich zurechtfindet, für den anderen langweilig, weil er ja schon «alles» kennt.

Ein Vespalenker führt nicht nur zu den einzelnen Themenbereichen, sondern beinhaltet auch alle Steuerungsknöpfe des Programms: Der integrierte Monitor erklärt kompakt, was zu tun ist. Die Eule Doctificus versucht zu helfen, Lösungshilfen sind abrufbar, der Punktestab gibt optisch darüber Auskunft, wie viel in den Übungen richtig und falsch ausgeführt wurde. Über das Megaphon können Vokabeln, Sätze und Texte beliebig angehört werden; es werden somit alle Lernkanäle bedient. Das Wörterbuch, die Mini-Grammatik und der Formenservice zum Bestimmen von Formen und für Deklinations- und Konjugationstabellen sind ebenfalls direkt vom Lenker aus aufrufbar. Ein Bus gibt mittels Abbildungen Auskunft über die Arbeitszeit, erlaubt das Ein- und Ausblenden von Musik und Geräuschen, eine Schreibmaschine ermöglicht die Eingabe von eigenen Vokabeln, und ein Kompass führt neue Benutzer durchs Programm.

Hat der Schüler die Themenlandschaften angesteuert, findet er neun Lernorte. Jeder Ort beinhaltet drei Lektionen zum Lehrwerk Salvete.

Ein Buch öffnet den Lernbereich Vokabeln, die in verschiedenen Modi vorhanden sind. Die Übungsformen wurden sehr vielfältig und abwechslungsreich zusammengestellt. Zudem kann der Lernende selbst Vokabeln und Kommentare eingeben.

Der Lernfortschritt kann grafisch und als Erfolgsstatistik nachvollzogen oder teils auch in Form einer Urkunde ausgedruckt werden.

Im Lernbereich Grammatik lassen sich die unterschiedlichsten Übungspakete mit graphisch gut gestalteten, abwechslungsreichen und anspruchsvollen Aufgaben auswählen. Eine Mini-Grammatik ist eingebaut, die Regeln und Hilfen zur Formenlehre anbietet, aber nicht ausgedruckt werden kann.

Der «Formenservice» bietet dem Nutzer ein weiteres umfangreiches Betätigungsfeld: ausdruckbare Formentabellen und die unterschiedlichsten Übungen zum Bestimmen und Bilden von Formen.

Mit diesem Programm ist ein Lernen möglich, das auf die ganzheitlichen Fähigkeiten des Lese- und Hörverstehens abzielt und nicht nur die Eingabe von Antworten fordert.

Weitere Titel aus dieser Reihe: siehe Anhang

Fazit des Lehrers

Eine sehr empfehlenswerte multimediale Software, mit interaktiven, abwechslungsreichen und anspruchsvollen Übungsformen.

Fazit des Schülers

Von wegen tote Sprache. Disco ist eine echte Hilfe.

Alter ab 2./3. Lernjahr
Schulstufe Sek. 1 und 2, lebenslanges Lernen
Anbieter Cornelsen
Genre Lern-Software, Übungsprogramm
Preis 74,95 €
ISBN 3-464-91313-9
PC Pentium 166 MHz; 16 MB RAM; VGA-Grafikkarte (640 * 480) mit 256 Farben; Win 95, NT

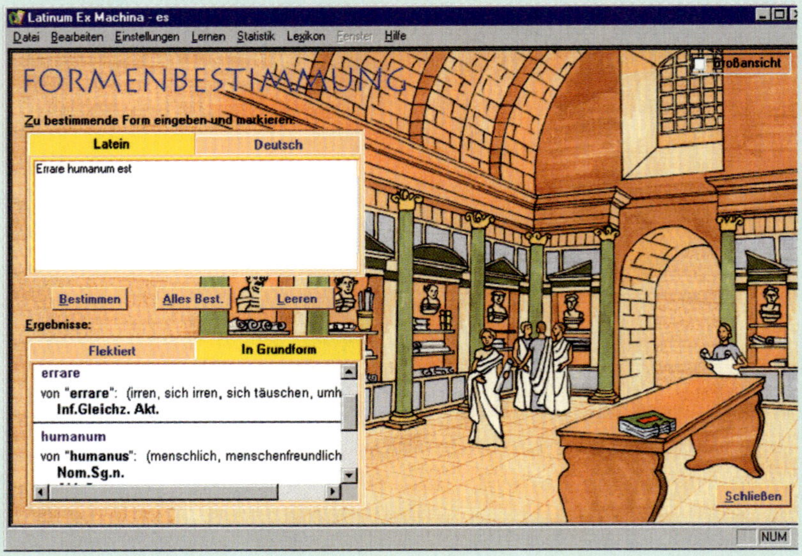

Latinum ex Machina 3.0 (Clever Lernen)

Diese Lern-Software richtet sich sowohl an Schüler ab dem ersten Lernjahr Latein und an Studenten, die schnell zu Lateinkenntnissen gelangen müssen, als auch an andere interessierte Erwachsene.

Gezielt wird der Erwerb des lateinischen Vokabulars durch viele Übungsmöglichkeiten unterstützt.

Neben dem Grundwortschatz Latein, geordnet in Sachgruppen, sind die Vokabularien der Lehrwerke «Ostia altera» und «Itinera» als Lektionen enthalten. Je nach Lernziel werden Vokabeln systematisch abgefragt, Formen identifiziert oder neu gebildet. Bei den Lektionen können neben vorgegebenen Sammlungen auch individuelle Lektionen mit eigenen Vokabeln zusammengestellt werden – zur intensiven Vorbereitung auf Prüfungen etwa.

Nach problemloser Installation hat der Benutzer die Wahl zwischen verschiedenen Lernprofilen. Hat er sich entschieden, so folgen die Fragen, ob die Vokabeln «Ostia altera», «Itinera» oder dem Grundwortschatz entstammen sollen und er diese nur betrachten oder sich schriftlich oder mündlich abfragen lassen möchte.

Die Option «Betrachten» erlaubt es, die Vokabeln der ausgewählten Lektionen samt grammatikalischen Besonderheiten anzusehen, anzuhören und einzuprägen.

Bei «Abfrage», die vom Programm ausgewertet wird, kann zwischen Vokabel- und Formenabfrage gewählt und festgelegt werden, ob zusätzlich die Angabe von Genitiv, Genus oder der Stammformen verlangt werden soll. Vor der endgültigen Beantwortung einzelner Aufgaben kann sich der Schüler Tipps geben lassen.

Das Formentraining bietet die Möglichkeit, Formen zu bilden, zu bestimmen, zu übersetzen und eine «Tabellenabfrage». Dort können auch Substantive mit Adjektivattribut vorkommen.

Unter «Mündlich» darf der Lernende in Eigenverantwortung sein Wissen erproben.

Das Lexikon des Programms umfasst 4700 lateinische und 5800 deutsche Einträge, das «PONS Wörterbuch PLUS» mit über 28 000 Stichwörtern und Wendungen sowie ein Sprichwörterlexikon.

Das Programm erkennt auch Vokabeln in flektierter Form.

Ein Mini-Reiseführer zu antiken Stätten und ein Verzeichnis antiker Dichter und Schriftsteller ergänzen *Latinum ex Machina*.

Weitere Titel aus dieser Reihe: siehe Anhang

Fazit des Lehrers

Ein ausgezeichnetes Übungsprogramm, mit dem Drill & Practice Spaß macht und das zu Erfolgen beim Pauken führt.

Fazit des Schülers

Latein am Computer find ich so toll.

Alter ab 12
Schulstufe Sek. 1 und 2, lebenslanges Lernen
Anbieter HEUREKA Klett
Genre Übungsprogramm
Preis 49,90 €
ISBN 3-12-140141-6
PC Pentium 16 MB RAM; SVGA-Grafikkarte (800 * 600); 16-Bit (High Color); ab Win 95

Encuentros 1

Eine wahre Fundgrube für alle, die Spanisch lernen wollen. Das Programm orientiert sich zwar am gleichnamigen Lehrwerk von Cornelsen, ist aber auch ohne das Buch für Schüler und Erwachsene mit Grundkenntnissen nützlich. Die Vielfalt und Fülle des Lernangebotes ist auf die verschiedenen Lernbereiche (Lese- und Hörverstehen, mündliche und schriftliche Sprachproduktion) sowie Grammatik- und Vokabelkenntnisse abgestimmt. Erfreulich, dass der Lernende ganz nebenbei auch viel über Spanien und wenigstens ein bisschen über Lateinamerika erfährt.

Die Themen der Übersichtsseiten können wahlweise spanisch oder deutsch angezeigt werden. Die klare Struktur, die klassisch in zehn Lektionen und für alle Lernbereiche gleich aufgebaut ist, erleichtert den Überblick. Sie lässt dem Nutzer dennoch den Spielraum, das Programm entweder thematisch nach «Lationen» (Lektionen) oder aber nach Lernbereichen durchzuarbeiten.

Selbst erklärende Bildelemente und klare Anweisungen sorgen dafür, dass das Spanischlernen im Mittelpunkt steht. Und wenn trotzdem etwas unklar ist? Ein gut gemachtes Booklet bietet Hilfe.

Das Hörverstehen wird durch zahlreiche Einsetz- oder Multiple-Choice-Übungen überprüft. Die Texte können dabei beliebig vor- und zurückgespult werden. Die Aufgaben sind nicht im Geringsten eintönig: Bilder müssen angeklickt, Sätze und Fragen durch Linien verbunden, vorgegebene Wörter in Lücken gezogen und manchmal auch Text eingegeben werden. Die dafür mitunter notwendigen spanischen Sonderzeichen sind komfortabel über einen Mausklick integriert.

Die akustischen Feedbacks sind auf Dauer eher lästig: Es hupt (falsch) und tuscht (richtig) zu oft. Etwas zu kleinlich geht das Programm bisweilen mit Eingaben um: *Méjico* gilt als falsch, akzeptiert wird nur *México*.

Beim Vokabellernen überzeugen nicht alle Übungsformen. So werden teilweise Bildausschnitte präsentiert, die Begriffe repräsentieren sollen. Wieso stellt eine Musikgruppe ein Konzert dar? Somit scheint das Vokabeltraining erst nach den anderen Übungsteilen sinnvoll, da dort Wörter, deren Bedeutung aus dem Kontext hervorgeht, gelernt werden.

Ein Highlight bieten die Sprechübungen: Die richtige Intonation wird durch ein Modell präsentiert und kann dann vom Lernenden per Mikro aufgezeichnet und mit dem Modell verglichen werden. Allerdings steht hier mit drei Übungen wenig Material zur Verfügung.

Fazit des Lehrers

Eine multimediale Übungskiste, die es in sich hat. So machen auch Übungen Spaß.

Fazit des Schülers

Die spanischen Originale anzuhören bringt mir etwas.

ALTER ab 12
SCHULSTUFE Sek. 1 und 2, lebenslanges Lernen
ANBIETER Cornelsen
GENRE Lern-Software
PREIS 35,95 €
ISBN 3-464-12515-7
PC Pentium 200 MHz; 32 MB RAM; SVGA-Grafikkarte (800 * 600) mit 16-Bit (High Color); Win 95 oder höher, NT 4.0 oder höher

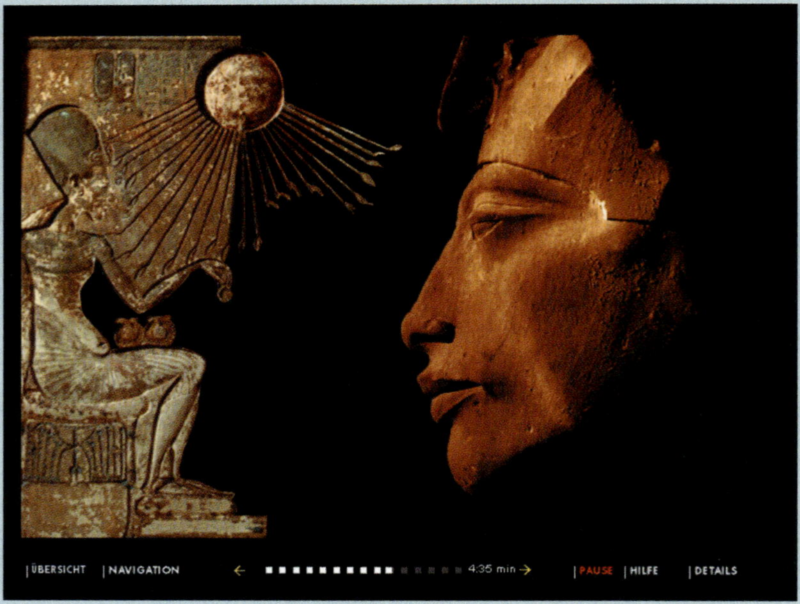
ÜBERSICHT
NAVIGATION
4:35 min
PAUSE
HILFE
DETAILS

Kapitel 4 | *Gesellschaft*

Kennst du … Europa?

Die Erzeuger bezeichnen ihr Produkt korrekterweise als «multimedialen Ratespaß für die ganze Familie». In diesem Umfeld ist *Kennst du … Europa?* sicher zu empfehlen. Das Kind kann spielerisch ratend Informationen über Europa sammeln und Kommunikationsfähigkeit, Konzentration und Erinnerungsvermögen schulen. Deutlich ist der Fernsehquiz-Charakter erkennbar. Hilfestellungen, mittels derer die benötigten Kenntnisse für das Quiz erarbeitet werden können, werden leider nicht angeboten. Es handelt sich somit nicht um Lern-Software.

Das Programm bietet drei Europa-Touren an, in deren Verlauf unter anderem Staaten, Hauptstädte, Kfz-Kennzeichen, Gebirge, Flüsse, Städte, Sehenswürdigkeiten, Inseln, Meere, Schlösser und Burgen sowie deren Lokalisation in Europa Thema sind.

Briefmarkengroße Abbildungen wurden mehrfach zu einem Bilder-Memory verarbeitet und lockern das Quiz für die jüngeren Teilnehmer auf.

Korrekte Antworten lobt durchgängig überschwänglich eine Kinderstimme.

Der Abschluss eines Tour-Teilabschnittes wird durch Informationen über regionale Besonderheiten belohnt: So wird kurz auf Elche in Skandinavien, Trolle auf Island oder die relativ regenarme Stadt London eingegangen. Allerdings sind diese Kenntnisse für den weiteren Quizverlauf ohne Relevanz.

Der Quiz-Teilnehmer kann die nächste Tour nur erreichen, wenn alle Fragen korrekt beantwortet wurden. Dabei fällt auf, dass nur fehlerhaft beantwortete Aufgaben erneut vorgelegt werden. So fällt der Eintritt in die jeweils nächste Runde meist nicht schwer, Raten ist angesagt.

Am Ende steht ein Masterquiz, dessen Ergebnis in eine Hitliste eingetragen wird.

Da dieses Produkt von HEUREKA Klett – für Produkte vorwiegend im schulischen Bereich bekannt – vermarktet wird, denkt der Käufer sofort an den entsprechenden (Geographie-)Unterricht. Dort dürfte das Programm allerdings kaum einsetzbar sein. Eine Auseinandersetzung mit der Geographie Europas findet allein nach dem bekannten «Stadt/Land/Fluss-Schema» statt, durchgängige Schwerpunktsetzungen sind dabei wenig ausgeprägt. Hilfen zum Erringen der geforderten Kenntnisse werden nicht gegeben. Hier hätten sich die Hersteller ein Beispiel an älteren Programmen (etwa der Wega-Reihe von Schrettenbrunner) nehmen sollen.

Weitere Titel aus dieser Reihe: siehe Anhang

Fazit des Lehrers

Die Ergebnisse sind zu oft durch schlichtes Raten zu erreichen. Für die Schule und als Lern-Software ungeeignet, für daheim und just for fun ganz nett.

Fazit des Schülers

Leider kann ich hier keine Million gewinnen.

Alter ab 11
Schulstufe Sek. 1 und 2, lebenslanges Lernen
Anbieter HEUREKA Klett
Genre Quiz
Preis 34,90 €
ISBN 3-12-131754-7
PC Pentium 166 MHz; 32 MB RAM; 15 MB HDD; SVGA-Grafikkarte (800 * 600) mit 16-Bit (High Color); Win 95, 98
ja

Der neue Weltatlas

Ähnlich wie bei Enzyklopädien ist bei Atlanten zu fragen: Gewinnen sie durch die digitale Umsetzung, weil multimediale Elemente ihren Nutzwert erhöhen – sei es durch einen Komfortzuwachs oder die über die Möglichkeiten eines Printmediums hinausgehenden Features wie 3-D-Ansichten? Oder stellen sie einfach nur ein auf CD-ROM gepresstes Buch dar, um eine technikbegeisterte Käuferschicht anzusprechen? Beim *neuen Weltatlas* können über die Funktionen eines Printatlasses hinaus eigene Bilder und Notizen eingefügt werden, Links binden das Programm ans Internet an. Die 3-D-Ansichten überzeugen allerdings nicht, sie wirken eher plan.

Das Programm eignet sich nur bedingt für den Einsatz im Unterricht. Der klassische Schulatlas, der in den meisten Fällen als (doppelter) Klassensatz zum Fundus einer Schule gehört, tut es auch. Extra in den Computerraum zu gehen und den Computer samt Programm zu starten, lohnt sich nicht unbedingt, denn entsprechende Fotos sind auch in Schulbüchern vorhanden. Die Qualität der Bilder auf CD-ROM entspricht denen in gängigen Atlanten. Eigene

Themenbereiche – in Atlanten auf speziellen Karten in Abstimmung mit dem Lehrplan dargestellt – sind nicht vorhanden. Diese kommen im Unterricht aber insbesondere zum Einsatz und liefern wertvolle Informationen weit über geographische Fragestellungen hinaus.

Diese Software ist somit eher als häusliche Ergänzung zum Nachschlagen zu verstehen und eignet sich für die eigene Anschaffung, um die Welt zu entdecken. Dennoch wird es immer Menschen geben, die (verständlicherweise) die herkömmlichen Karten bevorzugen, weil deren Ausschnitte größer und sie selbst leichter zur Hand zu nehmen sind.

Gelungen ist die Möglichkeit, in den einzelnen Karten integrierte Themenebenen übereinander zu blenden, sodass etwa Landnutzung und Bodenschätze einer Region gleichzeitig angezeigt und durch Infos wie Standorte von Wirtschaftszentren während des Betrachtens ergänzt werden können. Klimadiagramme finden sich in erfreulich großer Anzahl. Ansprechende Fotos, die die Karten ergänzen und beispielsweise die Kreidefelsen bei Dover zeigen, runden das Angebot ab. Eine weitere Einsatzmöglichkeit besteht in der Nutzung der Karten für topographische Übungen und statistische Analysen; meist sind aber auch hier Atlaskarten detaillierter und übersichtlicher, außerdem einfacher zu handhaben.

Informationen wie Texte, Karten und Statistiken sind kopier- und ausdruckbar.

Fazit des Lehrers

Ein solides Produkt, dessen Nutzen allerdings infrage steht. Übersichtlich und anschaulich gestaltet, zudem einfach zu bedienen – eignet sich für die private Anschaffung.

Fazit des Schülers

Für 'ne Karte extra an den PC? Na, ich weiß nicht.

Alter ab 12
Schulstufe Sek. 1 und 2, lebenslanges Lernen
Anbieter KOCH Media
Genre Nachschlagewerk
Preis 20,43 €
ISBN 3-85323-617-0
PC Pentium 100 MHz; 16 MB RAM; 25 MB HDD; SVGA-Grafikkarte (800 * 600) mit 256 Farben; Win 95, 98, ME, NT, 2000

Kids entdecken die Geschichte

Die CD-ROM ermöglicht einen spielerischen Zugang zu Aspekten des Lernbereiches Geschichte.

Ausgangspunkt ist die Dachstube des Professors Zeitstein, in der sich unter anderem folgende Spiel- und Lernkategorien befinden: Ein *Zeitdetektivspiel* mit Fragen zu Epochen der Menschheitsgeschichte; das *Zeitreise-Tagebuch*, in dem die Kinder eigene Notizen anbringen können; ein *Wörterbuch*; der *Geschichten-Macher*, in dem Reisebilder vervollständigt werden müssen; die *Suche nach antiken Schätzen*, in der die Lernenden ihr historisches Wissen testen können. Frosch, der lustig redende und anzuschauende Zeitwanderer, begleitet sie mit lockeren Sprüchen durch das Programm.

Die Kids beginnen nach der Nameneingabe mit dem Abenteuer. Sie landen direkt im geräumigen Zimmer des Professors. Nach einer genauen Spielanleitung geht es los. Ziel ist es, den Professor aus der Vergangenheit zu befreien. Dies gelingt erst, wenn genügend «Zeitspuren» aus den Epochen gefunden sind.

Eine Zeitmaschine ist Ausgangspunkt für die acht einzelnen Epochen. Jede Epoche ist in Form einer Landkarte dargestellt. Dort erscheinen bei Klick auf Personen, Tiere, Gebäude, Fahrzeuge, Felder, Flüsse etc. Textfelder mit Informationen, die beliebig oft vorgelesen werden. Die angeklickten Motive werden in einem ausdruck- und kopierbaren Stickerbuch gesammelt, nachdem Fragen bezüglich des vorgelesenen Textes beantwortet wurden. Unter den Textfeldern ist zu jeder Epoche eine «Zeitspur» versteckt. Sind alle gefunden, wird der Professor befreit, und das Kind erhält eine Urkunde, die es als Geschichtsforscher ausweist.

Der Aufbau der Software ist in allen Epochen gleich, ihre Strukturierung sehr anschaulich und altersgerecht. Die Zeitalter stellen zugleich Lerneinheiten dar, deren Reihenfolge beliebig wählbar ist. So kann auch nur eine Epoche bearbeitet werden. Bis zu drei Schwierigkeitsstufen sind bei den verschiedenen Wissensspielen einstellbar. Die einzelnen Übungen können beliebig oft wiederholt werden. Ist eine Aufgabe nicht richtig gelöst, so zeigt die Software das, und ein entsprechender Signalton ist zu hören. Es werden genügend Hinweise zur Enträtselung der Aufgaben gegeben.

Die Software setzt selbständiges Arbeiten voraus. Somit ist der Einsatz in der Schule ausschließlich in einem offenen Unterricht möglich. Der Lehrer fungiert eher als Hilfsperson und bei Bedarf als Berater. Die CD-ROM könnte im Rahmen eines Projektes oder der Wochenplanarbeit oder nachmittags daheim zum Einsatz kommen.

Weitere Titel aus dieser Reihe: siehe Anhang

Fazit des Lehrers

Die Kinder erweitern und vertiefen in spielerischer Weise ihre Geschichtskenntnisse. Prima für kleine Geschichtsforscher. Das Programm ist sowohl in der Schule als auch in der Freizeit sinnvoll einsetzbar.

Fazit des Schülers

Natürlich will ich den Professor befreien.

Alter von 6 bis 10
Schulstufe Grundschule
Anbieter KOCH Media
Genre Lernspiel-Software
Preis 20,43 €
ISBN 3-85323-530-1
PC Pentium 75 MHz; 16 MB RAM; 6 MB HDD; SVGA-Grafikkarte (800 * 600); Win 95, 98, ME

Knochen, Scherben, Grabbeigaben

Die Software führt spielerisch in die Arbeitstechniken der Archäologie ein; ein Thema, mit dem Kinder sich sonst nicht so oft aktiv beschäftigen können. Für Nutzer – am besten ab zwölf Jahren – hat das Programm einen hohen Aufforderungscharakter.

Ausgangspunkt ist ein Museum. Der Spieler führt unter der sachkundigen Anleitung von Professor Jensen Ausgrabungen zu verschiedenen Zeitepochen durch und lernt dabei die entsprechenden Ausgrabungstechniken kennen. Anschließend werden die Funde und Aufzeichnungen im Museum für Vor- und Frühgeschichte ausgewertet. Dabei kommen weitere Experten ins Spiel, die die Hobbyarchäologen bei der Bestimmung und auch der Altersanalyse unterstützen. Das in den Labors gewonnene Wissen liest der Spieler in einem Text nach, der die gesicherten Spuren und Funde erklärt. Die Kinder gestalten nun mit Text und Funden eine Vitrine im Museum und drehen zum Schluss einen Film über ihre Grabungskampagne. Auch kann der Grabungsort aus der Vogelperspektive betrachtet werden.

Das Programm überzeugt durch gut gemachte Zeichnungen und hält immer wieder witzige und überraschende Einzelheiten bereit. Dabei beziehen sich die informativen und vielfältigen Inhalte auf fachwissenschaftliche Fakten und Grundlagen. Allerdings verlangen die verschiedenen Grabungskampagnen viel, manchmal zu viel Zeit.

Ärgerlich ist das umständliche Speichermenü. Und wer hier nicht klarkommt, der muss – wie bei Testern geschehen – immer wieder mit der ersten Grabung beginnen.

Unter der Überschrift «Arbeitsweisen der Archäologie – Spuren sichern und auswerten» stellt die CD-ROM in Unterrichtsprojekten eine sinnvolle Ergänzung des Unterrichts zum Lehrplanaspekt «Einführung in das Fach Geschichte» dar.

Im Rahmen der Tests für diesen Ratgeber führten Schüler einer sechsten Klasse das Projekt «Klassenausstellung zur Vor- und Frühgeschichte» durch. An mehreren im Klassenraum aufgebauten Stationen wurde die Vor- und Frühgeschichte demonstriert. An einer Station wurde mit der Software gearbeitet. Die Hauptschüler präsentierten hier den Schülern einer vierten Klasse die Arbeitsweise von Archäologen und führten die Grundschüler mit einer Kurzeinweisung in verschiedene Grabungstechniken ein. Auch die Grundschüler machten sich mit Spaß und Interesse an die «Grabungsarbeit».

Fazit des Lehrers

Ein gut gemachtes und fachwissenschaftlich abgesichertes Spiel zur Archäologie mit hohem Aufforderungscharakter. Es ist in Unterrichtsprojekten – mit den entsprechenden Differenzierungs- und Zeitvorgaben – sehr gut einsetzbar.

Fazit des Schülers

Ich finde es gut, dass Ausgrabungen auch am PC gemacht werden können. Teilweise schwierig, macht aber nichts.

Alter von 10 bis 14
Schulstufe Sek. 1
Anbieter Terzio
Genre Lernspiel-Software
Preis 26,00 €
ISBN 3-932992-76-8
PC Pentium 133 MHz; 16 MB RAM; VGA-Grafikkarte (640 * 480) mit 256 Farben; Win 95, 98
ja

Das Römische Reich (Theiss Geschichtsmomente)

Das Hauptmenü der CD-ROM ist in fünf Sektoren gegliedert: *Das Römische Reich*, *Die Ausgrabung*, *Die Villa Rustica von Hechingen-Stein*, der *Rundgang* und das *Inforum*. Im «Inforum» werden akustische Erklärungen der Funktionen und Bereiche mit Bild gegeben, angesprochene Elemente sind markiert.

Eine ausführliche Zeitleiste liefert den Rahmen im Sektor «Das Römische Reich». Kenntnisreich kommentiert und mit Hintergrundinformationen versehen, wird der Aufstieg Roms von den Anfängen bis zur Weltmacht erläutert und über die Besetzung Süddeutschlands durch die Römer berichtet. Eine Landkarte mit Zeitstrahl von der Entstehung Roms bis zum Untergang erlaubt eine leichte Navigation. Orte auf der Karte können angeklickt werden; über die Zeitleiste werden Bilder mit Texten aufgerufen, auf der Karte erscheint die dazugehörige Markierung.

Das Modul «Ausgrabung» zeigt mit Videoclips, Fotos mit Text und akustischen Erklärungen den heutigen Stand der Ausgrabungen der Villa Rustica von Hechingen-Stein. Ein

Video, das Einblicke in moderne Ausgrabungsmethoden erlaubt, stellt neueste Ergebnisse vor.

Der Bereich «Villa Rustica von Hechingen-Stein» vermittelt einen umfassenden Eindruck vom Alltag in der römischen Provinz, wobei Themen wie Wohnen, Hygiene, Familie und Militär optisch und akustisch dargestellt werden.

Im «Rundgang» kann durch Eingabe von Suchbegriffen eine individuelle Route zusammengestellt werden, allerdings werden nicht alle Begriffe angenommen. Bei der vorgegebenen Tour ist ein Ausstieg vor Ende der Erläuterungen nicht möglich. Die Räumlichkeiten werden durch gute Animationen vorgestellt und mit Originalfotos ergänzt. Die akustische Information ist frei wählbar und wird in Kurzform schriftlich abgebildet. Schade, dass einige Darstellungen von Skulpturfragmenten schwer einzuordnen sind. Ausschnittsquadrate würden eine Zuordnung erleichtern.

Die schriftlichen Texte sind recht knapp gehalten, einige Begriffe könnten durch eindeutigere Erläuterungen verständlicher sein. Ausdruck- oder weitere Bearbeitungsmöglichkeiten fehlen leider.

Über die Anbindung der CD-ROM an die Internetseite des Römischen Freilichtmuseums Hechingen-Stein (www.villa-rustica.de) wird zusätzlich ein 3-D-Modell zum Durchwandern angeboten.

Weitere Titel aus dieser Reihe: siehe Anhang

Fazit des Lehrers

Die CD-ROM erlaubt am Beispiel der Villa Rustica einen exemplarischen, dort aber umfassenden Überblick über das römische Leben in der Provinz für Jung und Alt. Ansprechende Grafik!

Fazit des Schülers

Die Scheibe hat mich neugierig gemacht; das Museum muss ich mir unbedingt mal ansehen.

Alter von 10 bis 99
Schulstufe Sek. 1 und 2, lebenslanges Lernen
Anbieter Theiss
Genre Lern-Software, Nachschlagewerk
Preis 19,90 €
ISBN 3-8062-1610-X
PC Pentium 233 MHz; 32 MB RAM; SVGA-Grafikkarte (800 * 600) mit 32-Bit (High Color); Win 95, 98, 2000, NT

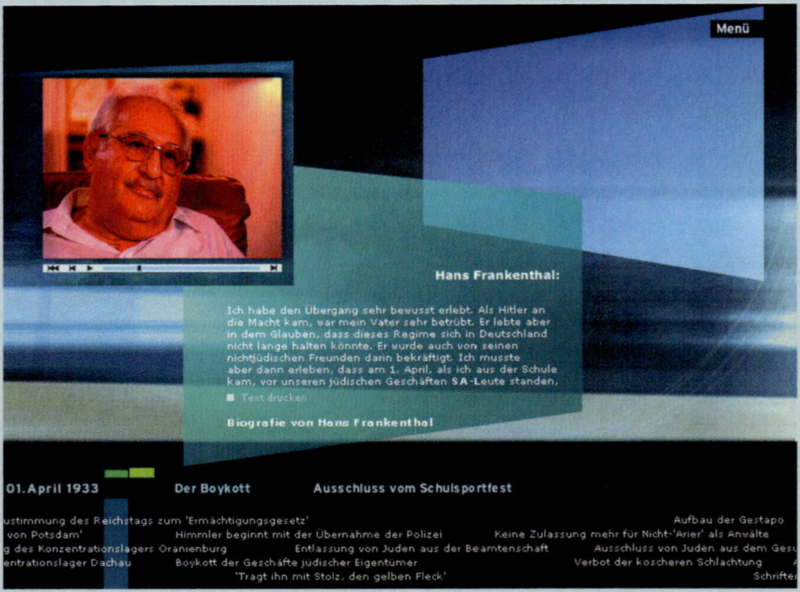

Erinnern für Gegenwart und Zukunft

Die CD-ROM wurde im Auftrag der von Steven Spielberg gegründeten Shoah-Stiftung speziell für den Unterricht an deutschen Schulen entwickelt. Sie kann im Unterricht der Sekundarstufe 1 und 2 entweder als Einstieg in die Thematik des Holocaust dienen oder als Ergänzung zu wichtigen Aspekten des Nationalsozialismus eingesetzt werden.

«Um Geschichte zu lernen, muss man der Geschichte ins Auge sehen. Nichts macht Menschen so betroffen wie bewegte Bilder. Hier haben wir die einzigartige Möglichkeit zu sehen, wie Teilnehmer und Zeugen eines Geschehens uns ins Auge schauen und sagen: ‹Dies ist mir widerfahren.›», beschreibt Steven Spielberg den besonderen biographischen Zugang der CD-ROM.

Vor dem Hintergrund persönlicher Lebensberichte, Erlebnisse und Erfahrungen von Irmgard Konrad und Hans Frankenthal, Überlebenden des Holocaust, sowie Aussagen anderer Zeitzeugen werden der Holocaust und die Verfolgung durch das nationalsozialistische Regime dargestellt. Unterbrochen werden die Berichte durch umfangreiche Informationen in erläuternden Texten, Originaldokumente, Fotos und Filmausschnitte. Auf der Zeitleiste und in einem Glossar können wichtige gesellschaftliche und politische Ereignisse der Zeit vor, während und nach dem Nationalsozialismus aufgerufen werden. Das Glossar liefert zu allen Texten verlinkte Stichworte, Begriffserklärungen, Kurzbiographien und Literaturangaben. Als weitere Zeitzeugen kommen Vertreter von Sinti und Roma, Homosexuelle, Zeugen Jehovas und politische Gegner der NS-Diktatur zu Themen wie *Hoffnungslosigkeit*, *Widerstand* und *Weiterleben* zu Wort. Dazu gibt es Videoausschnitte, die auffordern, sich mit den Kurzbiographien der Personen zu beschäftigen. Vor allem die Gesichter der Opfer und ihr Leid dokumentieren eindrucksvoll Geschichte, die sich nicht in historischen Daten, Fakten und Zahlen erschöpft. Der biographische Zugang zur Thematik erlaubt Jugendlichen, Bezüge zur eigenen Realität herzustellen und ihre Gegenwart kritisch zu reflektieren.

Unter www.erinnern-online.de können pädagogische Informationen aufgerufen und ein Unterrichtskommentar bestellt werden, der Arbeitsblätter, Rechercheadressen und Präsentationen für den Unterricht sowohl für den Lehrer als auch für die Freiarbeit der Schüler beinhaltet.

Fazit des Lehrers

Diese CD-ROM regt an, sich kritisch mit der deutschen Geschichte auseinander zu setzen, um Rechtsradikalismus entgegenzuwirken. Ausgezeichnet!

Fazit des Schülers

Beeindruckend!

Alter von 12 bis 99
Schulstufe Sek. 1 und 2, lebenslanges Lernen
Anbieter Cornelsen
Genre Lern-Software, Nachschlagewerk, Dokumentation
Preis 25,90 €
ISBN 3-464-64464-2
PC Pentium 200 MHz; 32 MB RAM; SVGA-Grafikkarte (800 * 600) mit 16-Bit (High Color); Win 95 oder höher, NT 4.0
ja

LERN·SOFTWARE RATGEBER

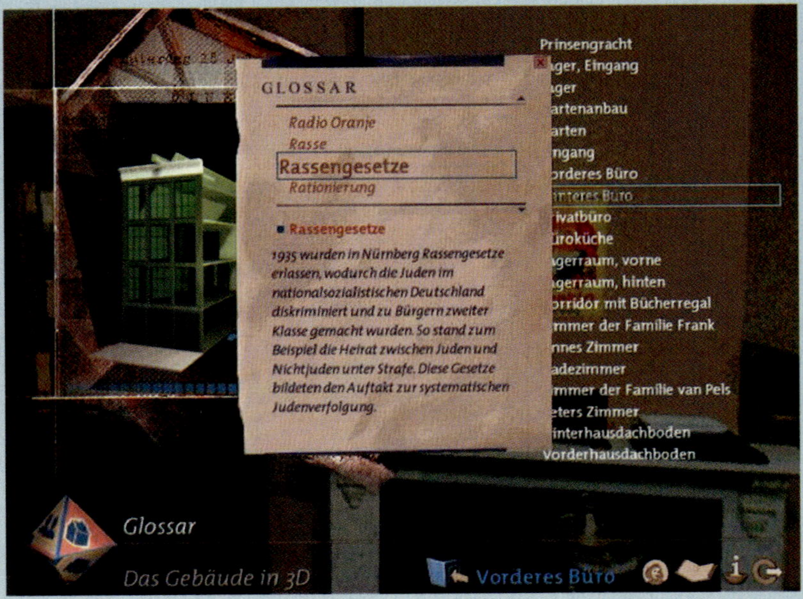

Anne Frank Haus

Die CD-ROM ist eine aufwendige virtuelle 3-D-Darstellung des Anne-Frank-Museums in Amsterdam mit einer Vielzahl von Informationen über das Leben der Anne Frank, die Familien im Versteck und – wenngleich eingeschränkt – über die Judenverfolgung im Zweiten Weltkrieg.

Sie führt durch alle Räume des Anne-Frank-Hauses, aber auch vor das Haus und zu den Nachbarhäusern, zur Westerkirche und zu einer Bootsfahrt. Dabei erhält der Nutzer Bilder und biographische Daten über die Personen, die sich mit den Franks im Versteck befanden. Einen lebendigen geschichtlichen Hintergrund und Eindruck vom Haus und vom Leben der darin versteckten Familien bieten Bild-, Ton- und Filmdokumente. Augenzeugenberichte, Originaltondokumente und historische Fotografien aus dem Familienalbum der Franks unterstützen die Authentizität.

Mit Hilfe einer Zeitleiste bekommt der Betrachter einen Überblick über Anne Frank (Annes Leben, Tagebuch, Familie), den Holocaust (Holocaust und der Zweite Weltkrieg) und das Haus (Versteck).

Der Bereich *Versteck* enthält Informationen über das Leben dort vom Juli 1942 bis August 1944. Es erscheint eine Liste mit kurzen Geschichten, die mit einem Klick auf den Titel zu aktivieren sind. Rundumansichten verschaffen eine räumliche Übersicht. Die Räume sind übrigens im echten Museum gar nicht alle zugänglich.

Die detailgetreue Rekonstruktion aller Zimmer des Hauses sowie die ausführliche Schilderung einzelner Phasen des Lebens der Familie Frank und ihrer Mitbewohner liefern einen Eindruck über die geistig-seelische Entwicklung der Anne Frank und die Probleme und Konflikte, die sich aus dem Aufenthalt im Versteck ergaben. Eine Verknüpfung dieser Inhalte mit den Ursachen und den Stationen der Judenverfolgung in Europa findet leider kaum statt. Eine gründliche Recherche zum Antisemitismus ist weder durch den Text noch durch das Bild- und Filmmaterial möglich. Das Personenverzeichnis führt nur die Personen und Angestellten des historischen Anne-Frank-Hauses auf, und das Glossar weist nur eingeschränkte Informationen über den geschichtlichen Hintergrund auf.

Der Betrachter kann jederzeit zurück zum Hauptmenü. Die Navigation ist einfach und intuitiv bedienbar. Hyperlinks verknüpfen Textpassagen und Orte und ermöglichen Selbständigkeit beim Lernen.

Fazit des Lehrers

Wichtige Ergänzung zum Tagebuch der Anne Frank, die ein vielseitiges Bild des Lebens in der Amsterdamer Prinzengracht und der zeitgeschichtlichen Zusammenhänge und Hintergründe bietet.

Fazit des Schülers

Tolle Grafik. Ich kann in einem Museum herumlaufen, ohne dort zu sein.

Alter von 12 bis 99
Schulstufe Sek. 1 und 2, lebenslanges Lernen
Anbieter TLC
Genre Lern-Software, Nachschlagewerk, Dokumentation
Preis 35,90 €
ISBN 3-89627-336-1
PC Pentium 120 MHz; 16 MB RAM; 50 MB HDD; SVGA-Grafikkarte (800 * 600) DirectX-kompatibel; 16-Bit (High Color); Win 95, 98
 ja

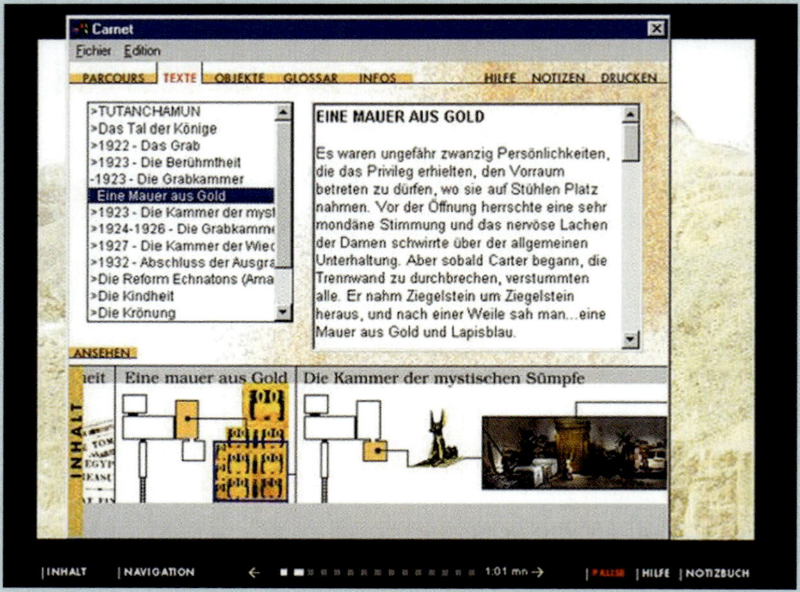

Tutanchamun (Systhema Classics)

Diese CD-ROM stützt sich auf die Forschungen der bekannten Ägyptenspezialistin Christiane Desroches Noblecourt und beinhaltet unzählige Dokumente aus der zehnjährigen Ausgrabungszeit rund um das Grab Tutanchamuns.

Nach einem einführenden Vortrag über die Voraussetzungen der Wissensgewinnung zu Tutanchamun kann im Menü wie folgt ausgewählt werden: *Einführung in die CD-ROM*, *Geschichte der Entdeckung*, *Leben und Tod Tutanchamuns* und *Die Ausstellung in Paris 1967*. In einer sich öffnenden Menüleiste wählen die Nutzer per Icons *Verlauf*, *Übersicht*, *Objekte*, *Lexikon*, *Infos*, *Hilfe*, *Notizen* und *Drucken* an. Alle Objekte lassen sich geordnet nach Typen oder Fundort (Kammer) betrachten. Im Lexikon kann nach sämtlichen Einträgen, Personen, Orten oder Göttern recherchiert werden. Eine Auswahl durch Zeitangaben ist ebenfalls möglich. Ein Notizblock erlaubt, eigene Überlegungen festzuhalten. Alle Texte sind ausdruckbar.

Animierte Bildsequenzen, Originalaufnahmen, Panoramabilder und

Illustrationen erzählen sehr anschaulich die Geschichte Tutanchamuns: von der Kindheit über Krönung und Herrschaft bis zur Einbalsamierung und Bestattung. Der Betrachter bewundert die schönsten Stücke des Grabschatzes in 3-D-Nachbildungen.

Großen Raum nimmt die Dokumentation der ersten großen Tutanchamun-Ausstellung in Paris 1967 mit Originalfilmen ein. Animierte Bild- und Originalfilmsequenzen (fast drei Stunden) lassen die Entdeckungs- und Ausgrabungszeit authentisch werden. Die Filmsequenzen sind didaktisch so angelegt, dass sie gut verständlich sind und gegebenenfalls wiederholt abgespielt werden können. Mit der Pausetaste lassen sie sich jederzeit anhalten.

Einerseits besticht die CD-ROM durch viele Abbildungen und Informationen zu Tutanchamun, seinem Grab, zur Forschung wie auch zu der ägyptischen Geschichte, Mythologie und Ägyptologie, andererseits ermüdet jedoch teilweise die Textlastigkeit der Ausführungen.

Altägyptischer Totenkult und andere religiöse Bräuche machen einen fachübergreifenden Einsatz in Religion möglich, die Bilder und 3-D-Nachbildungen auch im Kunstunterricht. Für Schüler faszinierend ist beispielsweise die Einbalsamierung eines Pharaos in Bild und Ton.

Fazit des Lehrers

Die CD-ROM bietet einen Einblick in Fakten rund um Tutanchamun. Sie vermittelt auf multimedialem Weg den Zugang zu Dokumenten und Objekten, der sonst nur im Museum möglich ist.

Fazit des Schülers

Besonders gruselig ist die Geschichte über den Besuch der Mumie in Frankreich in den 70er Jahren.

Alter von 12 bis 99
Schulstufe Sek. 1 und 2, lebenslanges Lernen
Anbieter United Soft Media
Genre Lern-Software, Nachschlagewerk
Preis 19,90 €
ISBN 3-8032-2512-4
PC Pentium 75 MHz; 16 MB RAM; VGA-Grafikkarte (640 * 480) mit 256 Farben; Win 95, 98, ME
ja

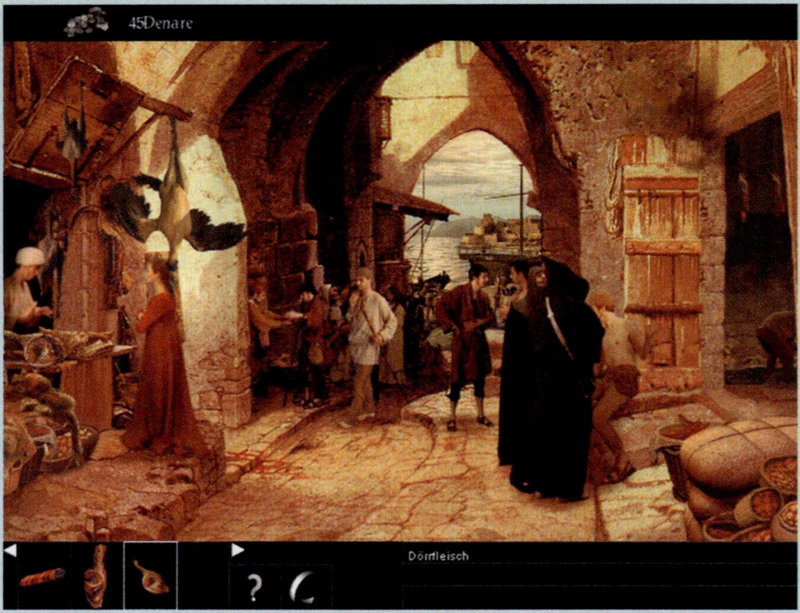

Ritter Arthaud

Dies ist die überarbeitete Version der Software *Die Kreuzzüge* aus dem Hause Cornelsen. Auf der Reise an der Seite des Kreuzritters Arthaud gelangt der Spieler an viele verschiedene mittelalterliche Schauplätze und wird schließlich in den Orient verschlagen. Es gilt, Schritt für Schritt zahlreiche knifflige Aufgaben vor dem Hintergrund des geschichtlichen Kontextes zu lösen.

Umfangreiche Informationen werden durch Dialoge und Szenarien, aber auch durch ein in die Abenteuerhandlung integriertes Archiv geliefert. Mit vielen Textdokumenten, interaktiven Bildern und historischen Karten vermittelt das Archiv Zusammenhänge aus verschiedenen Bereichen des ausgehenden 12. Jahrhunderts und der 200-jährigen Epoche der Kreuzzüge.

Das klar strukturierte Adventure erlaubt es dem Nutzer, komfortabel die einzelnen Bereiche zu bearbeiten. Anfängliche Schwierigkeiten mit der Navigation verfliegen schnell. Zwar kann der Nutzer den Spielstand speichern, muss aber die jeweiligen Kapitel chronologisch abarbeiten. Ein Zurückgehen im Spielverlauf ist möglich, wobei verschiedene Lösungen zum Ziel führen. Hilfen sind spärlich, was gerade bei ungeübten Spielern den Umgang nicht erleichtert. Dennoch macht es großen Spaß, auf diese einzigartige Weise in die geheimnisvolle Welt des Mittelalters einzutauchen.

Aufgrund der Komplexität des Programms ist der unterrichtliche Einsatz nur schwer möglich, aber für den Freizeitbereich bietet das Programm sehr viel – die Bereiche Information, Wissen und Spiel sind hier äußerst ansprechend vernetzt.

Nicht zuletzt wegen der ausgezeichneten und aufwendigen technischen Realisierung ist dieses Produkt auch für eine Zielgruppe attraktiv, für die es nicht allzu viel Motivierendes auf dem Markt gibt. Durch den Einsatz modernster Technik entsteht eine imposante und realitätsnahe Atmosphäre. Die unterschiedlichen Darstellungsformen unterstützen ausgesprochen gut die verschiedenen Möglichkeiten der Sinneswahrnehmung und führen zu einem besseren Verständnis der Sachverhalte. Übersichtliche Suchfunktionen helfen darüber hinaus beim Auffinden von Inhalten im Archiv.

Hoffentlich werden wir bald mit mehr derartiger Software, die an interaktive Filme und hochwertige Adventures erinnert, verwöhnt.

Fazit des Lehrers

Sehr aufwendig produzierte und attraktiv gestaltete Software. Sie bietet für den schulischen und außerschulischen Bereich eine fundierte Basis für die Auseinandersetzung mit den Kreuzzügen.

Fazit des Schülers

Das sieht beinah wie ein Computerspiel aus.

Alter von 12 bis 99
Schulstufe Sek. 1 und 2, lebenslanges Lernen
Anbieter Cornelsen
Genre Lernspiel-Software, Adventure
Preis 49,95 €
ISBN 3-464-90956-5
PC Pentium 133 MHz; 32 MB RAM; SVGA-Grafikkarte (800 * 600) mit 16-Bit (High Color); Win 95 oder höher
 ja

Der Stein der Weisen –

Special Edition: Bibel 1

Auf dem Software-Markt werden Religionslehrer kaum fündig. Umso erfreulicher, dass nun eine *Special Edition: Bibel 1* vom «Stein der Weisen» vorliegt – und diese auch noch weitgehend hält, was sie verspricht. Es handelt sich dabei um einen Baustein einer ganzen Serie von Quizspielen zu den verschiedensten Themen, die sowohl als CD-ROM zu erhalten oder im Internet (teils kostenpflichtig, teils gratis) herunterzuladen sind.

Vor der Installation sollte zunächst der Bildschirm auf «kleine Schriften» umgestellt werden. Dann steht dem Quizvergnügen nichts mehr im Weg. Bis zu vier Spieler können zu folgenden Themen rund um die Bibel quizzen: *Namen*, *Orte*, *Tiere und Pflanzen*, *Zahlen*, *Verschiedenes* aus dem Alten und Neuen Testament.

Das Quiz beginnt mit einem Spielbrett und 24 Fragen. Weiß ein Spieler die Lösung nicht, kann er die Hilfefunktion in Anspruch nehmen oder die Frage an einen anderen Spieler abgeben. Unabhängig davon, ob eine Frage richtig gelöst wurde, bekommt er einen kurzen Kommentar oder ein Belobigungsvideo und darf anschließend Infos zu seiner Frage einsehen oder hören. Die Infos sind unterschiedlich gestaltet. Mal wird die Bibelstelle vorgelesen, mal wird ein Bild, mal ein Foto eines Tieres gezeigt, mal ein Video präsentiert. Die Bibelzitate fordern den Kindern teilweise eine recht hohe Leseleistung ab. Die Fragen sind sehr abwechslungsreich und ansprechend aufgebaut. Es gibt Wortpuzzles, Worttipps und Bildfragen mit mehreren Antworten. Die Antworten werden je nach Schwierigkeit mit unterschiedlich vielen Punkten belohnt.

Wer sich strategisch geschickt verhalten und die meisten Punkte gesammelt hat, gewinnt das Quiz.

Es ist möglich, den Sound zu minimieren, die Zeitbegrenzung aufzuheben, die Videos und Belobigungsfenster zu deaktivieren und (ganz wichtig!) das Spielbrett und die Anzahl der Fragen für jede Altersstufe individuell einzustellen. Die Handhabung der CD-ROM ist einfach und altersgerecht, was von einigen Inhalten nicht immer zu sagen ist. Manche der über 300 aufeinander aufbauenden Fragen übersteigen das, was ein Grundschüler wissen kann. Andererseits werden die Fragen häufiger wiederholt, sodass ein Lernzuwachs gesichert ist.

Wünschenswert für den Einsatz im Religionsunterricht wäre eine Erweiterung des Programms um Fragen zur Entstehung der Bibel beispielsweise.

Weitere Titel aus dieser Reihe: siehe Anhang

Fazit des Lehrers

Eine gelungene CD-ROM, die zeigt, dass auch Software spannend und vielseitig Kinder an das Thema «Bibel» heranführen kann. Nicht nur eine gute Idee für den Religionsunterricht.

Fazit des Schülers

Ein Quiz in Reli ist mal was anderes.

Alter von 8 bis 88
Schulstufe Grundschule, Sek. 1 und 2, lebenslanges Lernen
Anbieter Eduxx
Genre Lernspiel-Software
Preis 25,80 €
ISBN 3-935451-03-2
PC Pentium 90 MHz; 32 MB RAM; 40 MB HDD; SVGA-Grafikkarte (800 * 600) mit 16-Bit (High Color); Win 95, 98, NT

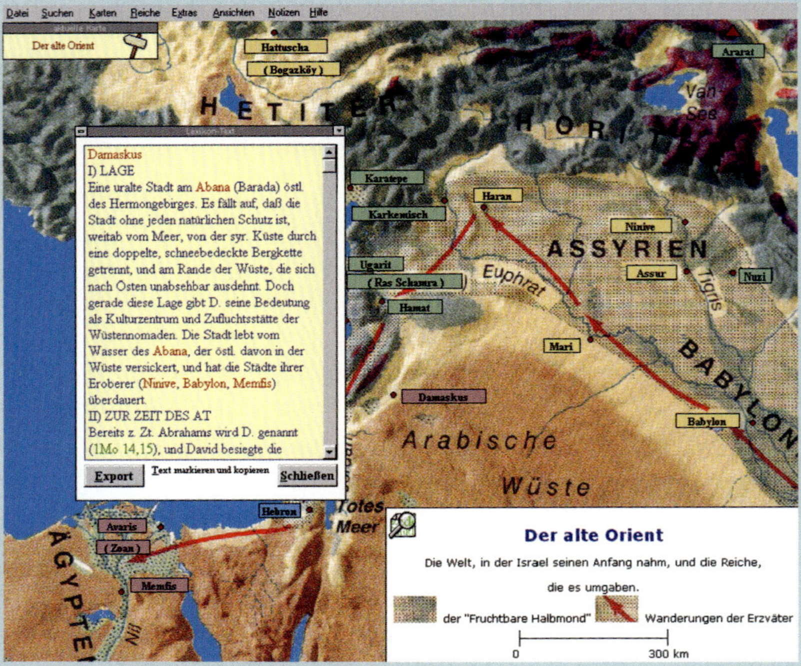

PC-Bibelatlas

Der *PC-Bibelatlas* wirbt auf dem Frontcover mit der Aufschrift «jetzt besonders günstig». Die Erfahrung zeigt, dass solche Aufdrucke im Allgemeinen nichts Gutes über den Inhalt aussagen. Die vorliegende Software bestätigt dieses Vorurteil: Sie ist ein Beispiel dafür, wie es ein Hersteller nicht machen sollte.

Der Bibelatlas bezieht sich in seinen zentralen Informationen auf eine Printausgabe desselben Verlages von 1965 (!). Sicherlich hat sich seitdem nicht allzu viel biblische Geschichte ereignet, aber Forschungsergebnisse neueren Datums und Entdeckungen wie die der Qumran-Rollen fließen natürlich nicht mit ein. Und wenn es im Text heißt, dass «... in neuerer Zeit erwogen wurde ...», dann lässt sich das nur in Relation zum biblischen Alter der verarbeiteten historischen Tatsachen rechtfertigen.

Die digitale Umsetzung der Daten wirkt zudem recht hilflos. Die Karten sind in unterschiedlichem Maßstab übernommen worden – so gut wie immer in einem ungünstigen. Mehrfach sind sie größer als der Bildschirmausschnitt, und Einstellungsmöglichkeiten bleiben Fehlanzeige.

Die Bildqualität ist – gemessen an heutigen Ansprüchen – miserabel und lässt den Brillenträger in der irrigen Annahme, seine Brille sei der Grund, zum Putztuch greifen. Eine Legende fehlt meist. Ist die Notwendigkeit einer Legende nicht eines der ersten Dinge, die der Erdkunde-Eleve lernt? Ortschaften und ihre Namen sind in unterschiedlichen Farben hinterlegt; eine Begründung dafür gibt es nicht. Viele Links in den Karten sind nicht erkennbar, andere führen zu dem schlichten Hinweis, dass hier keine näheren Erläuterungen vorliegen. Beispiel «Wüstenwanderung»: Die Route ist keineswegs eindeutig zu erkennen. Gut, dass Mose seinerzeit nicht auf diese Karten angewiesen war.

Die Bilder sind zu dunkel und wenig aussagekräftig. Die chronologischen Übersichten helfen nicht bei der Orientierung; Tabellen sind hier einfach nicht das Mittel der Wahl und verschaffen keine Einsicht in Zusammenhänge. Eine Zeitleiste zur Einordnung der verschiedenen Reiche fehlt ganz. Die Kirchengeschichte endet mit der ersten Christenverfolgung unter Nero, also 64 nach Christi Geburt. Ab da wird Kirchengeschichte eigentlich erst richtig spannend und erfährt Entwicklungen, die wesentliche Grundlagen für Strukturen legen, wie wir sie heute noch in der christlichen Welt finden.

Das einzig Positive, das nach langem Suchen zu konstatieren ist: Es ist manches auszudrucken, was zuvor nur auf Papier (und damit zum Kopieren) zur Verfügung stand.

Fazit des Lehrers

Das war wohl nichts! Finger weg …

Fazit des Schülers

So macht mir die Bibel keinen Spaß. Schade.

Alter von 12 bis 99
Schulstufe Sek. 1 und 2, lebenslanges Lernen
Anbieter R. Brockhaus
Genre Nachschlagewerk
Preis 15,31 €
ISBN 3-417-36092-7
PC ab 486; 8 MB RAM; 30 MB HDD; VGA-Grafikkarte (640 * 480) mit 16-Bit (High Color); Win 3.x, 95, 98

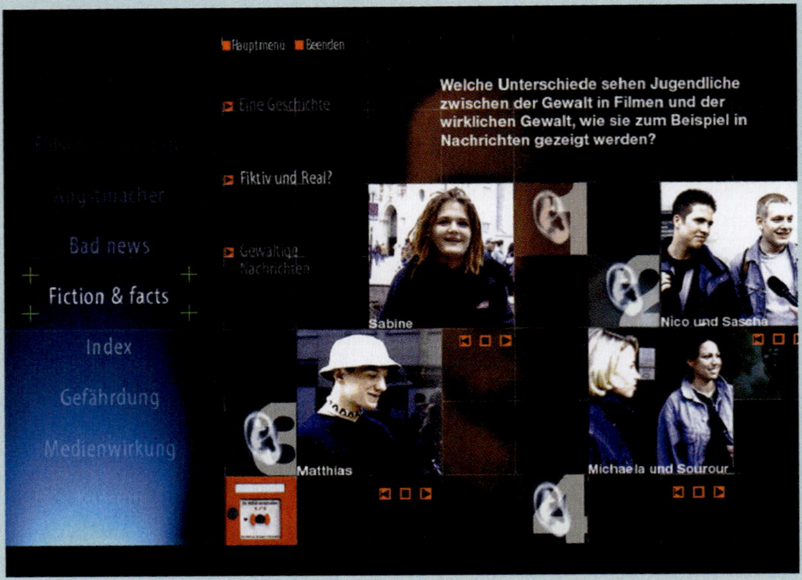

Fass mich nicht an!

Das Projekt mit CD-ROM, Begleittexten und Internetauftritt (www.fassmichnichtan.de) ist ein Konzept der AG Friedenspädagogik e.V. in Zusammenarbeit mit dem Stadtjugendamt München im Auftrag von BMW. Obwohl BMW Sponsor ist, fehlen auf der Scheibe die üblichen Logos und Werbemaßnahmen – sie widmet sich allein dem Themenbereich Gewalt in all seinen Facetten.

Der Inhalt wird nicht als unmittelbar für einen Test abrufbares Wissen präsentiert; das Programm führt vielmehr zum Thema hin und regt zum Nachdenken an. Der Schüler kann sich genau den Aspekt des Themas auswählen, der ihn interessiert und mit dem er sich auseinander setzen will.

Das übersichtliche Hauptmenü besteht aus fünf Mainscreens: *Unter Druck*, *Streng geheim*, *Echt stark*, *Gewaltige Bilder* und *G – wie Gewalt*. Hinter den Screens finden sich je neun Auswahl-Buttons. «Unter Druck» beispielsweise bietet unter anderem die Themen *Konflikttypen*, *Sündenböcke*, *Mobbing*, *Outsider*, *Zoff zu Hause* und *Tatort Schule*. Alle Themen sind umfassend aufgearbeitet.

Es können Bilder (teils im Fotoromanstil), Interviews mit bewegten oder starren Bildern, Cartoons und Texte (zum Beispiel Aggressionstheorien) aufgerufen werden. Als Inhalt dienen Erscheinungsformen von Gewalt gegen sich selbst oder andere, in der Familie, im Klassenzimmer und in den Medien. Auch der Aspekt der Manipulation von Bildern mit Hilfe moderner Bearbeitungs- und Kommunikationsmittel in Nachrichtensendungen wird an Beispielen erläutert.

Wegen der Vielzahl der Inhalte ist es für einen Einsatz im Unterricht sinnvoll, gezielte Arbeitsaufträge zu geben oder Referate aus der Fülle der angebotenen Aspekte zu verteilen.

Das 50-seitige Beiheft erläutert ausführlich die Struktur der optisch äußerst ansprechenden CD-ROM und gibt weitere Tipps zum Umgang mit Gewalt und Aggressivität.

Leider ist die wohl durchdachte Internetpräsenz (noch) nicht so angenommen worden wie wünschenswert. Es dauert halt immer lange, bis wertvolle Informationen in der Schule angelangt sind.

Pädagogen bekommen mit dieser CD-ROM Anregungen und Informationen zum Unterricht, Jugendliche werden an den Themenbereich herangeführt, ohne dass sie von ewig langen Texten abgeschreckt werden.

Fazit des Lehrers

Vielseitiger und umfassender Zugang zum Themenbereich «Gewalt und Aggression». Optisch ansprechend aufbereitet. Ein tolles Projekt.

Fazit des Schülers

Mir helfen die Tipps, wie sich ein Streit schnell beilegen lässt.

Alter von 14 bis 99
Schulstufe Sek. 1 und 2, lebenslanges Lernen
Anbieter AG Friedenspädagogik e.V.
Genre Lern-Software, Nachschlagewerk
Preis kostenlos
ISBN Bestellmöglichkeit auf der Webseite
PC Pentium 100 MHz; 16 MB RAM; SVGA-Grafikkarte (800 * 600) mit 16-Bit (High Color); Win 95, 98, NT
ja

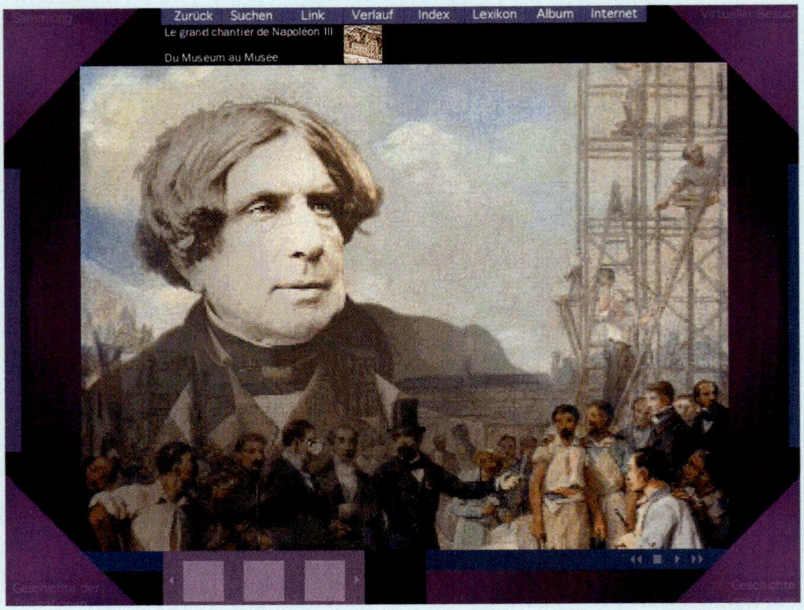
Zurück
Suchen
Link
Verlauf
Index
Lexikon
Album
Internet
Le grand chantier de Napoléon III
Du Museum au Musée

KAPITEL 5 | *Kunst, Musik*

Artus jagt das Kunst-Phantom

Die Scheibe ermöglicht Kindern einen spielerischen Umgang mit dem Thema Kunst. Sie bekommen einen Eindruck von berühmten Malern und ihren Meisterwerken.

Die Hauptfigur Artus begleitet die Kinder durch das Programm. Ziel ist es, von einem Phantom zerstörte Gemälde wiederherzustellen. Ist ein Gemälde zerstört, taucht der Spieler mit Artus in das Innere des Bildes ein. Dort warten viele verschiedene Games und Rätsel. Erst wenn diese gelöst wurden, ist das Gemälde gerettet. Am Ende werden die Kinder mit einem Orden belohnt.

Der Informationsgehalt der Software ist gut strukturiert, aber letztlich gering. Die User erfahren zwar einiges über Gemälde und Künstler, der Spielcharakter steht jedoch im Vordergrund. Daran ändert auch die Möglichkeit zum Ausdrucken nichts.

Das Programm ist sehr umfangreich. Die Errettung der einzelnen Gemälde nimmt viel Zeit in Anspruch, da mehrere Rätsel sowie Logik- und Geschicklichkeitsspiele bewältigt werden müssen. Die Spiele sind spannend und herausfordernd gestaltet, die Aufgaben abwechslungsreich und altersgemäß. Der

Spielstand wird automatisch gespeichert. Die Bearbeitung der Gemälde kann in beliebiger Reihenfolge geschehen. Es müssen alle vorgegebenen Spiele durchlaufen werden, um das zerstörte Gemälde wieder herzustellen. Schade, dass es keine unterschiedlichen Schwierigkeitsstufen gibt.

Das Manko der Software sind eindeutig die Hilfen, da nur einmal zu Beginn alles genau erklärt wird. Passt das Kind hier nicht richtig auf, kann es später die Aufgaben nicht ausführen. Dazu kommt, dass teilweise bei Fehlern bereits gespielte Einheiten wiederholt werden müssen. Das wirkt nicht gerade motivierend.

Die Kreativität der Kinder ist kaum gefragt, da sie nur bestimmte Gegenstände zu einem Gemälde zusammensetzen, nicht aber selbst gestalterisch tätig werden können. Schön wäre ein integriertes eigenes kleines Malprogramm.

Da das Spielen im Vordergrund steht, ist anzuzweifeln, dass ein Kind mit dieser Software Kunst und Malerei als solche bewusst wahrnimmt. Aber: Interesse an Kunst kann durch die Form des Zugangs sicherlich angebahnt werden.

Der Einsatz zu Hause und nicht in der Schule scheint angeraten – dort allerdings hat ein Kind viel Freude an Artus und lernt nebenbei auch noch ein wenig über Kunst.

Fazit des Lehrers

Artus garantiert ein aufregendes Abenteuer für Groß und Klein. Schön gemachtes Spiel, bei dem ein Kind nebenbei das eine oder andere über Kunst lernt.

Fazit des Schülers

Ich finde es faszinierend, in ein Bild hineinzugehen, aber so viel gibt es hier auch nicht zu lernen.

Alter von 7 bis 12
Schulstufe Grundschule
Anbieter Cornelsen
Genre Lernspiel-Software
Preis 35,95 €
ISBN 3-464-90958-1
PC Pentium 200 MHz; 32 MB RAM; VGA-Grafikkarte (640 * 480) mit 16-Bit (High Color); Win 95 oder höher, 2000
ja

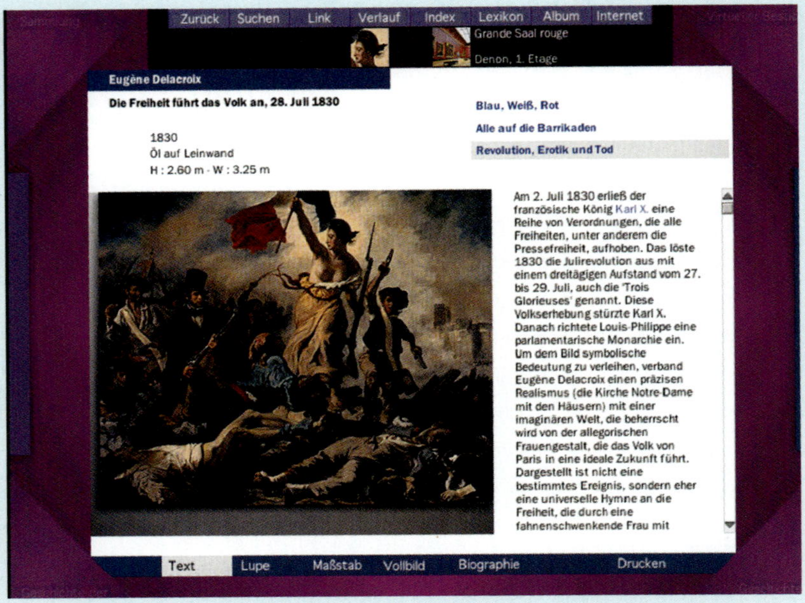

Der Louvre

Die CD-ROM bietet einen guten Einstieg in die großartige Sammlung des Louvre in Paris und damit einen Überblick über bedeutende Kunstwerke Europas von der Antike bis in die Gegenwart. Ein zweiter Nutzen liegt in der Einbindung der Werke in eine multimediale kulturhistorische Übersicht, die nach Epochen und Phänomenen (Beispiel «Islam») gegliedert ist.

Aus dieser zunächst attraktiv erscheinenden Doppelfunktion erklären sich die Möglichkeiten, aber auch die Beschränkungen der Software. Das dargebotene Material soll einerseits das Museum als attraktiven Ort vorstellen und zu einem Besuch animieren, andererseits aber auch historisches sowie kunsthistorisches Basiswissen vermitteln. Dies ist ein sehr hoher Anspruch, dem das Programm nicht vollkommen gerecht wird.

Das vielfältige Material ist abwechslungsreich mit guten lexikalischen Informationen zu Künstlern und Zeit und einem ansprechenden Glossar aufbereitet. Kleine Filmsequenzen im Kapitel «Geschichte der Zivilisationen» lockern die Präsentationen auf, lassen jedoch oftmals konkrete Informationen vermissen. Der Benutzer muss sich selber mittels Glossar informieren.

Positiv ist die Möglichkeit, die vorgestellten Werke mit einer «Lupenfunktion» genau anschauen zu können, sodass auch kleinste Details erkennbar werden. Die Bildqualität ist dabei ausgezeichnet und hält jedem Vergleich mit gedruckten Reproduktionen stand. Weitere Funktionen wie beispielsweise das «Album» mit der Möglichkeit, eine Auswahl von Lieblingsobjekten zusammenzustellen, oder die Option, den Text durch eine Sprecherstimme hörbar zu machen, sind üblich bei CD-ROMs über den Kunstbereich.

Insgesamt wirkt die Software thematisch überfrachtet, weil zu viele Ebenen angeboten werden, die letztlich den Benutzer verwirren. Eine Beschränkung entweder auf den Louvre als Museum mit multimedialem Rundgang und einer genauen Erklärung und Einordnung der ausgewählten Kunstwerke oder aber eine Darbietung (kunst-)historischer Fakten anhand der Präsentation geeigneter Sammlungsstücke als Epochenüberblick wäre übersichtlicher und konzentrierter.

Ein Einsatz im Unterricht ist nur partiell möglich; das Programm ist vielmehr geeignet für ein Selbststudium – durchaus auch für Studierende des Faches Bildende Kunst / Kunstgeschichte – oder zur Information vor einer Parisreise mit Museumsbesuch.

Fazit des Lehrers

Der Louvre ist eine Software für erfahrene, anspruchsvolle und geduldige Benutzer, die sich über die Highlights im Louvre und / oder über die Kulturgeschichte Europas informieren möchten.

Fazit des Schülers

Die Scheibe hat mich neugierig auf den echten Louvre gemacht.

Alter von 12 bis 99
Schulstufe Sek. 1 und 2, lebenslanges Lernen
Anbieter United Soft Media
Genre Nachschlagewerk, Lern-Software
Preis 69,90 €
ISBN 3-8032-2700-3
PC Pentium 266 MHz; 32 MB RAM; 70 MB HDD; SVGA-Grafikkarte (800 * 600) mit 16-Bit (High Color); Win 95, 98, 2000, ME, XP
ja

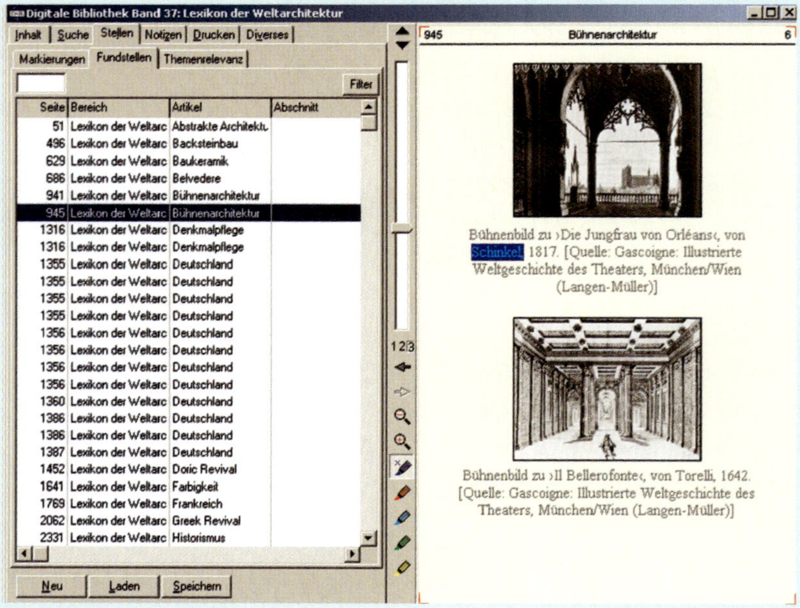

Lexikon der Kunst (Digitale Bibliothek Band 43) und *Lexikon der Weltarchitektur* (Band 37)

Es handelt sich bei dem *Lexikon der Kunst* um die digitale Umsetzung des Standardnachschlagewerkes zur Geschichte der Kunst aus dem ehemaligen DDR-Verlag Seemann (Leipzig), das auch in der Bundesrepublik als wissenschaftlich hervorragendes Kunstlexikon anerkannt war. Ähnlich verhält es sich beim *Lexikon der Weltarchitektur*, ebenfalls der digitalen Version eines Standardwerkes.

In bekannter Manier bietet das *Lexikon der Kunst* Artikel und weiterführende Literaturhinweise auch zu Themen, die außerhalb der europäischen Kulturtradition liegen. Ob Eskimo-Masken, Industriedesign, Ikonenmalerei oder Happening: Es wird verständlich und fachlich zuverlässig Auskunft erteilt – dabei überzeugt die sachliche Darstellung. Ebenfalls berücksichtigt sind Beiträge zu Materialien und Methoden künstlerischer, restauratorischer oder denkmalpflegerischer Gestaltung. Die Qualität der wenigen (grundsätzlich s/w-)Abbildungen ist schlechter als in der Buchversion.

Inhaltlich liefert das *Lexikon der Weltarchitektur* hervorragende Artikel, die sachlich korrekt und so ausführlich wie möglich im Rahmen eines Lexikons informieren. Sie sind auch für Laien verständlich, dennoch fachsprachlich, wenn nötig. Neben der Vermittlung historischer Dimensionen von Architektur gibt es auch kurze Einführungen in städtebauliche, architektursoziologische und technische Probleme. Zugleich enthält das Lexikon Biographien der bedeutendsten Architekten und notiert weiterführende Fachliteratur.

Die Scheiben bieten gegenüber Printausgaben den grundsätzlichen Vorteil einer elektronischen Aufbereitung: Es ist möglich, von Artikel zu Artikel zu springen, Querverweisen zu folgen, Bilder abzurufen, spontan auftretende Fragen lexikalisch zu beantworten, ohne zeitaufwendig blättern oder gar einen anderen Band in die Hand nehmen zu müssen. Stattdessen ruft ein Mausklick bequem alle Informationen in kürzester Zeit am Bildschirm ab. Die Navigation ist übersichtlich und weist neben leichter Handhabung alle Standard-Funktionen wie Ausdruckmöglichkeit der Texte und Abbildungen sowie Verwaltung eigener Notizen und Recherche über Volltextsuche auf. Einzig die fehlende multimediale Aufbereitung schränkt den Nutzwert ein.

Weitere Titel aus dieser Reihe: siehe Anhang

Fazit des Lehrers

Inhaltlich das gewohnt hohe wissenschaftliche Niveau der Druckversion bei gleichzeitiger Erleichterung der Handhabung gegenüber den Büchern. Für das (Selbst-)Studium bestens geeignet.

Fazit des Schülers

Ich verstehe zwar nicht alles, aber es ist trotzdem interessant, einfach so zu stöbern.

ALTER von 14 bis 99
SCHULSTUFE Sek. 1 und 2, lebenslanges Lernen
ANBIETER Directmedia Publishing
GENRE Nachschlagewerk
PREIS 129,90 € (Bd. 43), 34,90 € (Bd. 37)
ISBN s. Anhang
PC ab 486; 16 MB RAM; VGA-Grafikkarte (640 * 480) mit 256 Farben; Win 95, 98, ME, NT, 2000

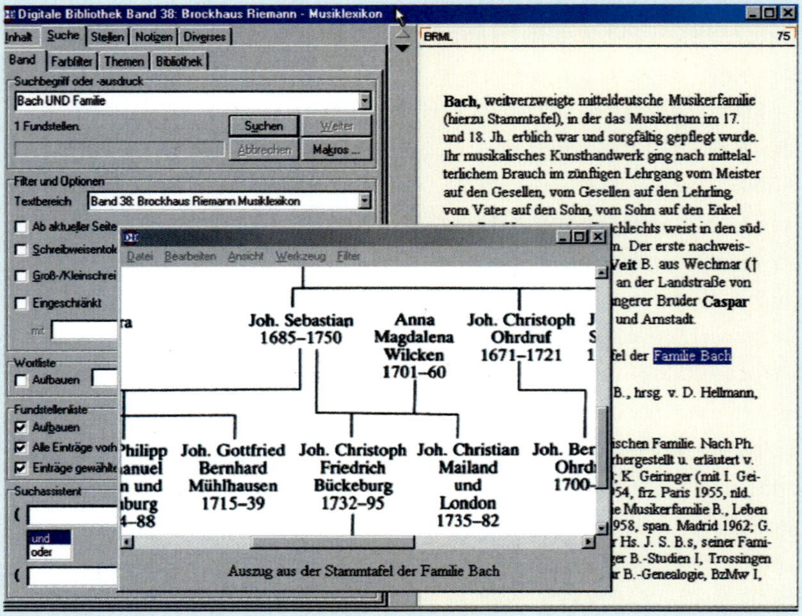

Brockhaus-Riemann Musiklexikon (Digitale Bibliothek Band 38) und *Reclams Opernlexikon* (Band 52)

Der Eröffnungsbildschirm beider Programme aus der Reihe *Digitale Bibliothek* teilt sich in zwei Bereiche: «Suchen» und «Suchergebnis». In der Mitte befindet sich senkrecht die Werkzeugleiste, die bis auf die Buttons «Markierknöpfe» für die Schüler ohne Probleme nutzbar ist.

Im *Reclams Opernlexikon* erreicht der Nutzer über die Schlüsselfelder «Einleitung, Werke, Komponisten, Personen, Wörterbuch, Spielstätten, Arien und Rollen» sehr komfortabel einen gesuchten Begriff, der dann auf der rechten Seite dargestellt wird. Will er eine oder mehrere Seiten ausdrucken, hat er zuerst die Anzahl der zu druckenden Seiten pro DIN-A4-Blatt festzulegen – und sollte unbedingt ausprobieren, ob das Ergebnis noch lesbar ist, da es keine Seitenvorschau gibt.

Das *Brockhaus-Riemann Musiklexikon* zeigt im Menü Inhalt/Band eine alphabetische Unterteilung. Hier wird der gewünschte Begriff gesucht, nach dem Anklicken erscheint das Ergebnis. Die zweite Suchmöglichkeit ergibt sich über Inhalt/Register/Stichwort: Der Suchbegriff wird hier direkt eingegeben. Mit der Volltextsuche und den erfreulich häufigen Querverweisen innerhalb des Lexikons erschließt sich der Inhalt sehr leicht. Die zu suchenden Begriffe werden sofort angezeigt. Etwas gewöhnungsbedürftig ist der Suchassistent, das Zerlegen des Wortes Rock 'n' Roll in «Rock» und «n» und «Roll» ist wirklich umständlich.

Durch das Markieren eines Begriffes und das Anklicken mit der rechten Maustaste sind in beiden Lexika weitere Funktionen erreichbar, auch eine Stichwortsuche und die Suche im Internet. Bei Letzterer wird die Anfrage an Suchmaschinen weitergegeben, deren Ergebnisse denen normaler Internetrecherchen entsprechen. Ist der Link ins Internet wirklich sinnvoll? Sehr oft nimmt die Stofffülle so zu, dass sie unübersichtlich wird. Die Ergebnisse rechtfertigen oftmals den großen Zeitaufwand fürs Lesen nicht.

Für den unterrichtlichen Einsatz in der (Haupt-)Schule sind diese Lexika zunächst einmal nicht gemacht. Allerdings war festzustellen, dass interessierte Schüler mit dem digitalen Lexikon besser umgehen konnten als mit der Printvariante. Die Hilfen in Form von Volltextsuche oder die Suchmöglichkeit über die vorgegebenen Schlüsselfelder wurden von den Lernenden dankbar angenommen. Von Vorteil ist, dass abgeschlossene Artikel direkt ausgedruckt werden können, ohne weiteres Material zu suchen und einzubinden. Der Ausdruck ergab Probleme ganz neuer Art: Es wurde sehr viel Papier verschwendet, bis ein brauchbares Ergebnis vorlag: Die Schüler brauchten eine Weile, um die richtigen Druckeinstellungen und die Seiteneinteilung zu finden. Auch waren die seitenweisen Ausdrucke schwer auszuwerten: Eine kompetente Analyse des gesammelten Materials war für die meisten nicht möglich, da ihre fachlichen Voraussetzungen dazu nicht ausreichten. Schon die Arbeit mit dem Material der CD-ROM mittels Stellenangaben, farblicher Markierungen und deren weiterer Verwertung überforderte einen Großteil der Schüler. Trotzdem gestaltete sich der Suchvorgang wesentlich schneller als das Blättern in einem Buch – von größerer Motivation ganz zu schweigen.

Im *Brockhaus-Riemann Musiklexikon* erhält der Nutzer über das Menü Inhalt/Abbildungen die Vorschau auf 126 Zeichnungen, per Doppelklick auf Seitengröße zu erweitern. Die Grafiken wurden verständlicherweise einheitlich negativ bewertet. Von

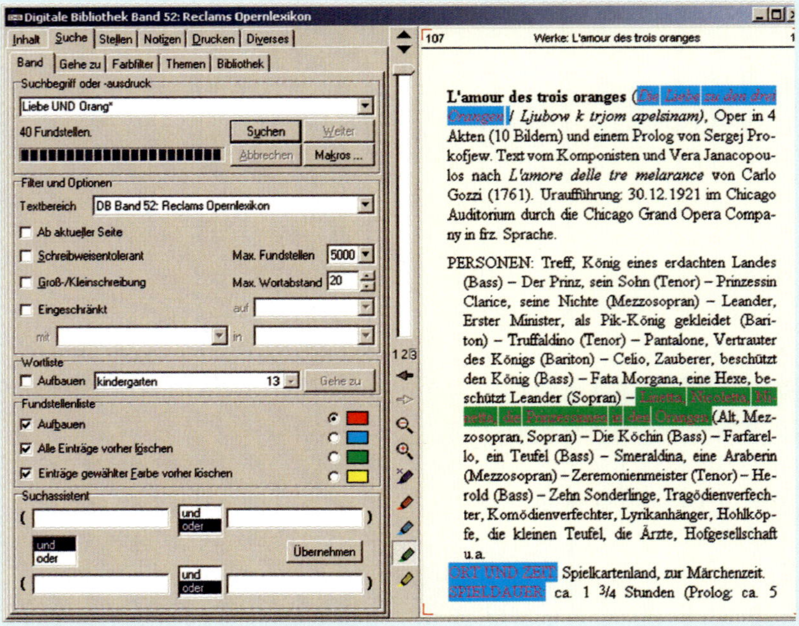

komplexen Detailzeichnungen bis zu einfachen Strichzeichnungen ist alles vorhanden, farbige Bilder hingegen fehlen völlig. Es scheint, als ob sich die Autoren auf das Konzept der exakten Nachbildung der vorhandenen Printausgabe beschränkt hätten.

Hinzu kommt, dass auch Musikbeispiele fehlen. Es ist bei einem Opern- oder Musiklexikon nicht nur möglich, sondern auch wünschenswert, Noten mit Text darzustellen und Midi-Files einzubinden. Das hätte die Lernenden sicher zu einer intensiveren Auseinandersetzung mit der Software motiviert. Die Konzeption der Lexika sollte also entsprechend erweitert werden.

Für den schulischen Einsatz wirken sich diese Einschränkungen letztendlich negativ aus. In einem Lexikon für Musik sollte eine CD-ROM die akustischen (und optischen) Eigenschaften eines Suchbegriffes mit darstellen können. Der interessierte Musikfreund hingegen wird seine Freude an den fundierten Artikeln haben.

Weil es bei einem Schuleinsatz meist sinnvoll ist, solche Nachschlagewerke auf jedem Arbeitsplatz den Schülern zur Verfügung zu stellen, müssen rechtliche Fragen beachtet werden. Die Einsatzmöglichkeiten in Schulnetzwerken sollten vorher geklärt sein.

Weitere Titel aus dieser Reihe: siehe Anhang

Fazit des Lehrers

Die Lexika sind für den schulischen Einsatz weniger, zur Vorbereitung, Stoffauswahl oder als Grundlage für Projekte gut geeignet. Für den Opernfreund und den Musikliebhaber ein weites Feld, sich zu informieren und weiterzubilden; zudem eine Fundgrube für Begriffe und Informationen, die mit entsprechendem Vorwissen gut weiter zu nutzen sind.

Fazit des Schülers

Ist ja ganz praktisch, aber die Grafiken sind nicht so gut, und beim Drucken wird zu viel Papier verschwendet. Schade, dass es keine Tonbeispiele gibt.

Alter von 12 bis 99
Schulstufe Sek. 1 und 2, lebenslanges Lernen
Anbieter Directmedia Publishing
Genre Nachschlagewerk
Preis 49,90 € (Bd. 38), 29,90 € (Bd. 52)
ISBN s. Anhang
PC ab 486; 16 MB RAM; VGA-Grafikkarte (640 * 480) mit 256 Farben; Win 95, 98, 2000, NT, ME

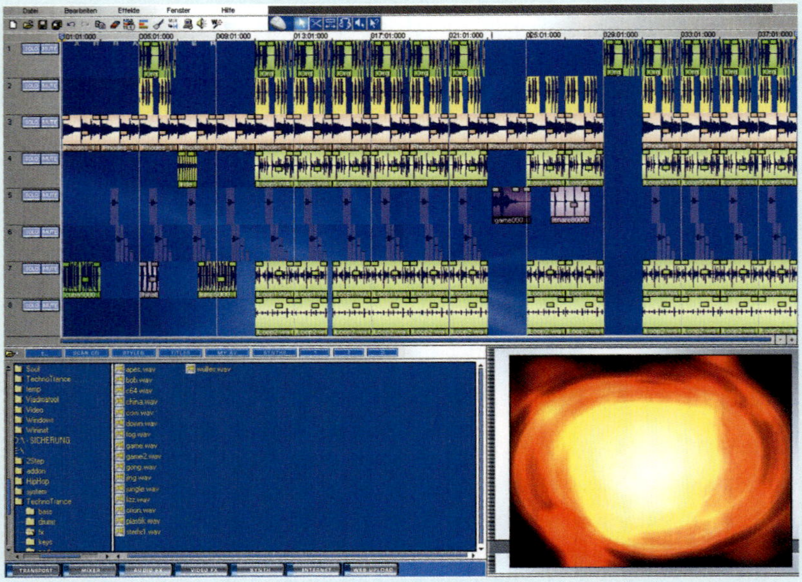

MAGIX music world 2002 –

Schulversion

Ja, ich gebe zu: Ich war nicht vorbereitet auf die Doppelstunde Musik in meinem Oberstufenkurs. Lediglich zu einem Ausdruck des Quickstarts der *music world 2002* hatte es gereicht. Diesen bin ich mit den Schülern durchgegangen – da hatte aber schon ein Neugieriger Sounds gefunden und «puzzelte» sie im Arrangement-Fenster aneinander. Daraufhin war kein Halten mehr: Einige komponierten Schlagzeugpatterns, andere übernahmen diese und versahen sie mit den mitgelieferten Sounds und Videos. Nach 90 Minuten war ein komplettes Arrangement fertig. Die Schüler fragten, ob sie nicht ausnahmsweise länger …

Das Arrangement-Fenster ist prima mit der Maus zu bedienen: Die einzelnen Patterns verlängern, verkürzen, fade out, «mal eben» verschieben – kein Problem, erklärt sich alles von selbst und funktioniert gut. Beim Reinhören sowohl in die Musikpatterns als auch in die einzelnen Schlaginstrumente erfährt der Nutzer, wie der Sound an der entsprechenden Stelle klingen könnte.

Das Mute-Schalten einzelner

Stimmen und die Dynamik-Funktion eignen sich ebenso wie die Solo-Funktion prima zum Kontrollieren und Verändern während der Arbeit. Die Frage, wie die einzelnen Patterns so zu kombinieren seien, dass alles auch «harmonisch» klingt, wurde heiß erörtert.

Eine Schlagzeug-«Maschine» ließ die Schüler verschiedene Kombinationen des Schlagzeugs diskutieren. Ein Hobby-Schlagzeuger verzweifelte («Muss *ich* das nachher spielen?»).

Die Kombination unterschiedlicher Musikstile und Melodiepatterns löste wahre Begeisterungsstürme aus.

Vor allem die schnellen Ergebnisse motivierten zum Weiterarbeiten, es noch besser zu machen. Meine Schüler äußerten den Wunsch, mit der Software eigene Video-Clips zu drehen und einzubauen oder den schuleigenen Synthesizer einzubringen.

Einziger Kritikpunkt: Schüler kommen irgendwann an den Punkt, an dem sie nicht nur arrangieren, sondern auch Arrangiertes spielen möchten, und dazu braucht es die Noten. Die Umsetzung des Arrangierten in Notenschrift ließ sich partout nicht finden. Sonst klappte alles mit ein wenig Ausprobieren, ohne lange nachzulesen oder zu suchen.

Pro Schule können bis zu 15 Exemplare kostenlos über die MAGIX-Webseite angefordert werden, jedes weitere kostet 4 €.

Fazit des Lehrers

Ein prima Programm, das sich bestens in AGs oder Projekten nutzen lässt. Auch für «Unbegabte» à la «Ich konnte noch nie singen!» eine tolle Sache.

Fazit des Schülers

Geil.

ALTER von 12 bis 99
Schulstufe Sek. 1 und 2, lebenslanges Lernen
ANBIETER MAGIX AG
GENRE Kompositionswerkzeug, Nachschlagewerk
PREIS s. Text
ISBN Bestellmöglichkeit auf der Webseite
PC Pentium 200 MHz; 32 MB RAM; 150 MB HDD; SVGA-Grafikkarte (800 * 600) mit 16-Bit (High Color); Win 95, 98, 2000, ME, NT

LERN·SOFTWARE RATGEBER

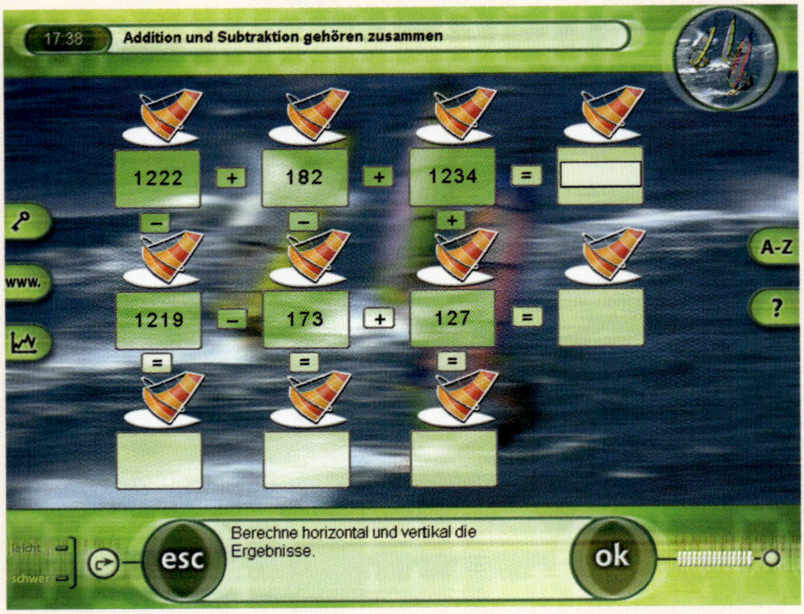
17:38
Addition und Subtraktion gehören zusammen
1222
+
182
+
1234
=
–
–
+
1219
–
173
+
127
=
=
=
=
A-Z
?
www.
leicht
schwer
esc
Berechne horizontal und vertikal die Ergebnisse.
ok

KAPITEL 6 | *Mathematik*

Kratz und Bürste – Pfiffiges Rechnen für die 1. Klasse

Eine tolle Schachtel kündigt an: «von den Entwicklern der Spiele der Löwenzahn-CD-ROM-Reihe». Das weckt Hoffnungen ...

Im Zimmer von Kratz und Bürste steht und liegt so allerlei herum. Ein Mausklick auf verschiedene Gegenstände führt zu einzelnen Aufgaben, bei denen unterschiedliche Schwierigkeitsgrade entweder gar nicht vorhanden sind oder das Kind sie nur linear abarbeiten kann.

Geübt werden sollen grundlegende mathematische Fähigkeiten und das Rechnen mit dem Euro, gelernt die Zahlen von 1 bis 10 (auch das Schreiben, das allerdings auch dann überschwenglich gelobt wird, wenn ich nur einen Strich male), einfachste (zählende) Addition und Subtraktion. Ebenfalls soll der Zahlenraum von 1 bis 10 in einer Art Suchbild erschlossen werden.

Mit Klick auf eine Tafel gelangt das Kind in ein sehr schlichtes Malprogramm, in dem es nur mit dicken schwarzen Strichen ohne Hinweis auf die richtige Schreibrichtung Ziffern nachziehen oder sich Anregungen holen kann, wie Ziffern zu Figuren umzugestalten sind.

Schlicht kamen den Schülern auch die Aufgaben vor. Wenn sie einen Tresor durch Lösen von Aufgaben geöffnet hatten, erschien das angeblich darin eingeschlossene Plüschtier nicht, nur ein neuer Tresor, dem ein weiterer folgt ... Da vergeht schnell die Lust am Rechnen. Auch das Aufräumen im Kinderzimmer frustriert. In Einzelteile zerlegte Spielsachen werden mit der Maus in geforderter Anzahl auf einen Teppich gezogen, lösen sich in einer Wolke auf – und liegen wieder verstreut auf dem Fußboden. Nun kann das Kind sie nochmal zusammensuchen und dann nochmal ...

Ähnlich ist es um die übrigen Aufgaben bestellt. Immer wieder ein grünes Feuer in ein grünes oder einen blauen Cowboy in ein blaues Zelt zu zerren ist auf Dauer nicht sonderlich verlockend.

Beim Rechnen werden mit Hilfe eines Sparschweins Euro-Münzen eingefangen. Mausungeübte Kinder, die versehentlich schon mal ein falsches Geldstück erwischen, haben keine Möglichkeit, Irrtümer zu korrigieren – das erzeugt Unlust! Eine Hilfe gibt es nicht, als «Belohnung» aber den Spruch: «Vielen Dank, Herr Bankräuber, beehren Sie uns bald wieder!»

Auch die ansprechende Grafik und die angenehmen Stimmen können den insgesamt eher negativen Eindruck nicht verbessern.

Fazit des Lehrers

Stereotype Abfolgen immer gleicher Aufgaben, die sich in ihrem Schwierigkeitsgrad wenig unterscheiden. Von den Entwicklern der Löwenzahn-CDs hätte ich mir erheblich mehr versprochen ...

Fazit des Schülers

Anfangs fand ich das ganz lustig, auch weil es anders aussieht, aber dann war das doch zu langweilig.

Alter ab 5
Schulstufe Vorschule, Grundschule
Anbieter Über Stock und Stein
Genre Lernspiel-Software
Preis 19,50 €
ISBN 3-00-008090-2
PC Pentium 166 MHz; 32 MB RAM; SVGA-Grafikkarte (800 * 600) mit 256 Farben; Win 95, 98, NT 4.0 oder höher
ja

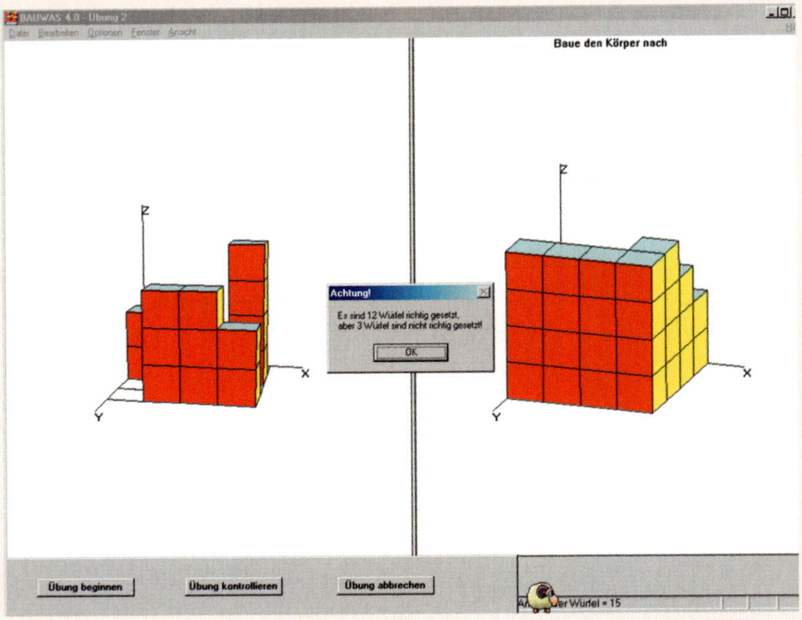

Bauwas 4.0

Bauwas entstand Mitte der 90er Jahre im Rahmen einer Qualifizierungsmaßnahme von Ingenieuren und Elektronikern. Mit diesem Programm werden auf unterschiedlichstem Niveau Raumvorstellungen entwickelt. In der Grundschule geschieht dies am besten in einem Medienverbund aus realen Würfeln, Arbeitsaufgaben zur individuellen Differenzierung und dem Einsatz der Software. Aber auch die Verwendung im Sekundarbereich ist ohne weiteres möglich, da verschiedene Voreinstellungen dem Lehrer eine Anpassung an die Entwicklung seiner Lerngruppe und die aktuelle Lernsituation erlauben. Besonders in offenen Unterrichtsformen können die vielfältigen Möglichkeiten dieses Konstruktionsprogramms hervorragend genutzt werden.

Neben kreativem freiem Bauen kann – und das hat den Schülern besonders viel Freude bereitet – nach selbst gebauten realen Würfelgebilden das virtuelle Konstrukt hergestellt oder nach selbst entworfenen Bauplänen am Computer gearbeitet werden.

In einem 3-D-Achsensystem lassen sich durch Mausklick Würfel deponieren, ein weiterer Klick entfernt den Würfel wieder. Diese Würfel haben unterschiedlich gefärbte Seiten, was die Lesbarkeit am Bildschirm deutlich erhöht, oder sie lassen sich als Kantenmodell darstellen. Fast beliebig komplexe Körper aus gleich großen Würfeln werden so konstruiert und am Bildschirm genau untersucht. Diese Körper können gedreht und die Bewegungen in kleinen Animationen festgehalten werden. Sie können als Dokumentation von Arbeitsergebnissen ausgedruckt oder zwischengespeichert und in anderen Anwendungen weiterverarbeitet werden. Dies ist auch sehr hilfreich für Unterrichtsvorbereitungen oder zum Erstellen von Arbeitsblättern und Spielen (Memory).

Bauwas 4.0 beinhaltet über diese kreativen Optionen hinaus zahlreiche Übungsaufgaben, die konkrete Handlungserfahrungen um eine weitere Dimension bereichern: Konstruieren von Körpern nach einer Dreitafelprojektion, Körper nachbauen, fehlende Würfel ergänzen zum kompletten Quader, Körper in eine vorgegebene Raumlage bringen, Anzahl der für einen Körper nötigen Würfel herausfinden, Bauen nach Bauplan. Jeweils 100 immer komplexere Aufgaben bietet das Programm an. Die Lösung kann überprüft und nach Hilfen überarbeitet werden.

Der Preis von 125 € für eine Schullizenz ist moderat und schließt kostenlose Updates und das Angebot an Lehrer ein, die Software zu Hause zur Unterrichtsvorbereitung zu nutzen.

Fazit des Lehrers

Sollte jede (Grund-)Schule haben! Ist in allen Jahrgangsstufen sinnvoll einsetzbar, wenn der Rückgriff auf die enaktive Ebene gewährleistet ist.

Fazit des Schülers

Klasse, ich baue mit dem Computer.

Alter ab 6
Schulstufe Grundschule, Sek. 1 und 2, lebenslanges Lernen
Anbieter MACH MIT
Genre Konstruktionsprogramm
Preis 125,00 €
ISBN 3-932598-05-9
PC ab 486; 4 MB RAM; 2 MB HDD; VGA-Grafikkarte (640 * 480) mit 256 Farben; ab Win 3.1

Ursula Lauster – Rechenspiele für die 2., 3. und 4. Klasse

Nach Namenseintrag erscheint ein Puzzle, hinter dessen Teilen sich Aufgaben in drei Schwierigkeitsstufen verbergen. Sie werden zwar in altersgerechter Sprache erklärt, teilweise aber nicht anschaulich genug. Beispielaufgaben für die einzelnen Themenbereiche fehlen ebenso wie Lösungshilfen oder -hinweise. Kibongo, ein netter Löwe, erläutert die Übungen lediglich noch einmal. Wenn der Lernende Schwierigkeiten hat, so tappt er lange im Dunkeln. Frustration ist aber auch dadurch gewiss, dass bei einigen Übungen der gesamte Übungsblock abgebrochen wird, löst er eine Aufgabe falsch. Auch bisher richtig gelöste Aufgaben müssen dann noch einmal gerechnet werden.

Das Feedback ist mager. Ein unangenehmes «Äh-äh!» ertönt bei Fehlern. Einzelne richtige Ergebnisse bleiben unkommentiert. Erst für komplette Aufgabenblöcke wird das Kind verbal gelobt, es bekommt ein paar Sternchen – oder ein Puzzleteil wird umgedreht.

Die auf den Verpackungen angegebenen Inhalte werden nur kurz angerissen und nicht annähernd erschöpfend behandelt. Auch beinhalten die Programme fachliche Unzulässigkeiten. So kann der Schüler bei der schriftlichen Subtraktion ohne Zehnerüberschreitung das Ergebnis nur von links nach rechts erarbeiten. Dies ist methodisch falsch, da der richtige Weg immer rechts bei den Einern beginnt. Das «Zeiträtsel» arbeitet nur mit Zeiten bis 12 Uhr; bei «Teilaufgaben erkennen» müssen lediglich Formen ausgemacht werden. Dies können schon Kinder im Vorschulalter.

Die Rechenspiele sind technisch und gestalterisch auf einem unzureichenden Niveau: So tritt Kibongo stets in derselben Haltung auf und bewegt die Kiefer beim Sprechen nicht im Geringsten synchron. Die Spielführung ist zu langsam, das Kind muss zu lange auf das Ergebnis warten. Das ermüdet und demotiviert zusätzlich.

Kurze Spiele zur Auflockerung fehlen gänzlich. Intrinsische Motivation, also ein Interesse des Kindes an der Sache, wird an keiner Stelle gefördert. Die Rechenspiele sind und bleiben langweilige Paukprogramme, auch wenn Kibongo noch so niedlich ist und allmählich das Hintergrundbild aufgeblättert wird. All dies reißt keinen Grundschüler vom Hocker.

Weshalb soll für solche Aufgaben überhaupt der PC genutzt werden? Traditionelle Rechenblätter funktionieren nach dem gleichen Prinzip und genauso gut. Der Vorteil der Software: Die Lehrenden brauchen nicht mehr zu korrigieren. So liegt der Nutzen dieser Programme bei ihnen, nicht bei den lernenden Kindern.

Weitere Titel aus dieser Reihe: siehe Anhang

Fazit des Lehrers

Ein Lernen findet nicht statt, allenfalls ein Üben und Festigen.

Fazit des Schülers

Langweilig.

Alter von 7 bis 11
Schulstufe Grundschule
Anbieter United Soft Media
Genre Lernspiel-Software, Übungsprogramm
Preis 12,90 €
ISBN s. Anhang
PC Pentium 75 MHz; 32 MB RAM; 25 MB HDD; VGA-Grafikkarte (640 * 480) mit 256 Farben; Win 95, 98, 2000, ME, XP
ja

Tim 7 – Mathe (3. Klasse)

Diese *Tim 7*-Version von digital tainment pool (dtp) ist nicht zu verwechseln mit den älteren Versionen, die bei Klett und Ubisoft erschienen und immer noch erhältlich sind. Die Reihe hat eine Überarbeitung erfahren, die sich sehen lassen kann.

Tim verliert bei einem Unfall sein Gedächtnis und wird von dem größenwahnsinnigen Wissenschaftler Dr. Gaaf mitsamt Hund Sultan auf die einsame Insel Amnesia entführt. Dort trifft er ein weiteres Opfer des Doktors, das Mädchen Mia mit der Katze Tiger, die ebenfalls als Testperson für wissenschaftliche Experimente herhalten soll. Erst wenn in einem der vier Bereiche *Rechnen mit Längen, Gewichten und anderen Maßen*; *Zahlen bis 1000 addieren, subtrahieren, multiplizieren* und *dividieren*; *Geometrische Figuren unterscheiden*; *Zahlen ordnen* alle Aufgaben richtig gelöst worden sind, kann sich das Kind dem Abschlusstest bei Dr. Gaaf stellen, um das Abenteuer erfolgreich zu beenden.

Der Startbildschirm lässt dem Kind die Wahl, ob es sich Tim und Mia bei ihrem spannenden Abenteuer anschließen oder sich direkt in das «Archiv Unterricht» oder zum «Archiv

Übungen» begeben möchte. Selten genug, dass Kinder diese Wahl haben.

Getrennt von dem Spiel finden sich im «Archiv Unterricht» die vier Rubriken *Basis*, *Lösungswege*, *Methode* und *Entdecke die Welt*. Gut erklärte und anschaulich visualisierte Anleitungen helfen, Aufgabenstellungen und Rechenwege zu verstehen und auszuführen. Sehr hilfreich, dass unterschiedlichste Zugangsweisen zu den Lerninhalten angeboten und so individuelle Lernvoraussetzungen berücksichtigt werden.

Aufgaben werden erklärt und Lösungsmöglichkeiten aufgezeigt, die den erforderlichen Rechenweg verdeutlichen. Schließlich folgen Übungen zur behandelten Thematik. Sehr sinnvolle und nachvollziehbare Tipps, die von Denkanstößen bis zu konkreten Hilfen reichen, unterstützen das Kind, das Lernen zu lernen.

«Entdecke die Welt» erschließt Sachverhalte, die nicht im direkten Zusammenhang zum Rechnen stehen: Kalender, Flugmaschinen und Logikrätsel fordern das Denkvermögen heraus. Im «Archiv Übungen» verbergen sich losgelöst von der Spielgeschichte sämtliche Übungen, Aufgaben, Tests, Spiele und Rätsel der CD-ROM.

So können die Kinder sich zwischen den unterschiedlichen Zugängen (Spiel – Lernen und Üben) entscheiden; oder der Lehrende hat die Möglichkeit, für einzelne Kinder eine Vorauswahl zu treffen.

Weitere Titel aus dieser Reihe: siehe Anhang

Fazit des Lehrers

Erfreulich! Endlich mal eine Lern-Software, die diesen Namen verdient hat und tatsächlich beim Lernen hilft. Für die Schule ebenso gut wie für daheim.

Fazit des Schülers

Lernen und spielen auf einer Insel, was willste mehr?

ALTER von 8 bis 10
SCHULSTUFE Grundschule
ANBIETER dtp
GENRE Lernspiel-Software, Übungsprogramm
PREIS 35,99 €
ISBN 3-935917-10-4
PC Pentium 200 MMX; 32 MB RAM; VGA-Grafikkarte (640 * 480) mit 16-Bit (High Color); Win 98, 2000, ME

LERN·SOFTWARE RATGEBER

Rechenrabe 4

Der Aufbau des Programms erfolgt vom Einfachen zum Komplexen, wobei eine Strukturierung nach wesentlichen Aspekten zu erkennen ist. Namen können eingetragen werden, sodass eine Weiterarbeit und Identifikation später möglich sind. Wegschilder helfen, schnell und gezielt Übungsbereiche zu finden; akustische Rückmeldungen und der blinkende Cursor erleichtern die Orientierung. Der immer gleiche Aufbau der Seiten gibt den Kindern Sicherheit bei der Navigation und erlaubt eine Konzentration auf die Sache. Verschiedene Schwierigkeitsgrade ermöglichen differenziertes Üben auf unterschiedlichem Niveau. Bereits abgearbeitete Stufen werden als erledigt gekennzeichnet, sodass sich das Kind auf noch anstehende Teile konzentrieren kann. Der Lernprozess kann durch kurze Spielphasen unterbrochen werden. Ein Hilfebutton bietet die Möglichkeit, das Lernfeld noch einmal visuell und akustisch darzustellen, der Button «Erste-Hilfe-Auto» initiiert, dass die passende Aufgabe sowohl visuell als auch akustisch schrittweise vorgerechnet wird.

Leider gibt es eine ganze Reihe von

Nachteilen: Leistungsstände lassen sich zwar im Programm abspeichern, bei einem erneuten Aufruf ist der vorher protokollierte Lernweg aber verschwunden.

Die Dokumentation der Leistungsergebnisse ist nur in Form einer rudimentären Protokollfunktion (Urkundenausdruck) gegeben. Die Darstellung als Balkendiagramm ohne Messleiste bleibt zu ungenau und gibt nicht deutlich genug das Verhältnis von richtig und falsch gelösten Aufgaben wieder. Für eine gezielte Fehleranalyse nützt eine quantitative Fehlerdarstellung darüber hinaus wenig, da keine qualitative Rückmeldung erfolgt. Wo genau ein Fehler liegen könnte (etwa bei der Zehnerüberschreitung), wird erst gar nicht angesprochen.

Die Hilfefunktion bringt den Schüler auch nicht unbedingt voran, da die Hinweise nicht nach jedem fehlgeschlagenen Lösungsversuch deutlicher werden. Klickt er bei einer Aufgabe den Hilfebutton mehrmals hintereinander, erscheint immer die Lösung. Hier liegt Mogelpotenzial, denn das Kind kann nun das so erfahrene Ergebnis abschreiben, bekommt eine positive Rückmeldung – und dieses «Ergebnis» wird in der Urkunde als korrekt gewertet.

Die kindliche Darstellung der Alpenlandschaft, in die die Rechenaufgaben eingebettet sind, lenkt eher von der Sache ab und ist funktionslos. Auch die zeichnerische Darstellung der Aufgaben in ikonischer, also bildhafter Form behindert eine realitätsnahe Sichtweise auf mathematische Sachverhalte.

Weitere Titel aus dieser Reihe: siehe Anhang

Fazit des Lehrers

Das Programm ist zum einfachen Üben formaler mathematischer Aufgaben geeignet. Mathematisches Denken wird aber nicht gefördert. Die grafische Aufmachung ist wenig motivierend und realitätsfern.

Fazit des Schülers

Mathe macht mir das nicht gerade schmackhaft.

ALTER von 9 bis 11
SCHULSTUFE Grundschule
ANBIETER HEUREKA Klett
GENRE Übungsprogramm
PREIS 49,90 €
ISBN 3-12-238004-8
PC ab 486; 8 MB RAM; MB HDD; VGA-Grafikkarte (640 * 480) mit 256 Farben; Win 3.x, 95, 98

MatheBits – Bruchrechnen –

5.+6. Schuljahr

MatheBits ist ein solides, von der CD-ROM startbares Programm, das sich in dieser Ausgabe dem schwierigen Thema des Bruchrechnens widmet.

Nach einem kurzen Intro landet der Schüler im Startmenü. Hier entscheidet er, ob er die Einführung ansehen, ein Thema wählen oder weitermachen möchte, wo er letztes Mal aufgehört hat. Das Menü ist etwas gewöhnungsbedürftig: Als Schaltknöpfe fungieren kleine Strichfiguren, so genannte *MatheBits*. Der Hintergrund ändert sich auch dann nicht, wenn ein Menüpunkt ausgewählt wurde. Beim ersten Start bietet das Programm einen Einführungskurs in seine Funktionen an. Dieser ist Einsteigern dringend zu empfehlen. Der Kurs ist ebenso wie die Hilfe- und Erklärungssequenzen niedlich animiert, für Kinder verständlich und in einer altersgemäßen Sprache verfasst, wobei der freundliche Tonfall der weiblichen Stimme auffällt.

Der Lernbereich ist logisch aufgebaut: Der Schüler wählt eines der Hauptthemen (*Brüche, Addition/Subtraktion, Multiplikation, Division, Zusätzliches*). Am darauf folgenden

Themenbildschirm sucht er sich einen Unterpunkt aus und startet durch Klick das gewählte Thema. Dieses ist dann in verschiedene Phasen gegliedert, die als *Stationen* bezeichnet werden.

In den *Lernen-Stationen* werden die entsprechenden Rechenregeln sowie der mathematische Inhalt anschaulich und reichlich animiert dargestellt. Der Schüler kann mitarbeiten, indem er die verlangten Lösungen eingibt, oder aber sich alles in Ruhe vorführen lassen. Gleiches gilt für die *Beispiel-Stationen*.

Die *Üben-Stationen* sind ebenfalls animiert, hier steht jedoch die Aktion des Schülers im Vordergrund. Dabei werden Fehler rechenschrittbezogen rückgemeldet. Der Lernende kann zu den einzelnen Aufgaben eine Hilfefunktion aufrufen oder sich die Aufgabe vorrechnen lassen.

Die *Testen-Stationen* schließlich, in denen der Schüler die Aufgaben selbständig lösen muss, bilden den Abschluss eines Lernabschnittes. Nach zwei Rechenfehlern wird die richtige Lösung einschließlich des Rechenweges gezeigt, und eine neue Aufgabe erscheint. Anreiz zum richtigen Lösen bilden Puzzles, die aufgedeckt werden.

Beim Beenden des Programms kann ein Ausdruck angefordert werden, der jedoch lediglich die benötigte Zeit und die Anzahl der pro Thema gelösten und nicht gelösten Aufgaben enthält.

Weitere Titel aus dieser Reihe: siehe Anhang

Fazit des Lehrers

Logisch aufgebaut und strukturiert, bietet die Software in anschaulicher Weise alles, was zu diesem komplizierten Thema wichtig ist. Einzig die umständliche Menüführung und fehlende (echte) Anreize in Form von Bonusspielen bleiben zu bemängeln.

Fazit des Schülers

Damit komm ich gut zurecht.

Alter von 10 bis 13
Schulstufe Sek. 1
Anbieter Westermann
Genre Übungsprogramm
Preis 36,00 €
ISBN 3-14-362001-3
PC Pentium; 8 MB RAM; SVGA-Grafikkarte (800 * 600) mit 256 Farben; Win 3.x, 95, 98, 2000, NT, ME, XP

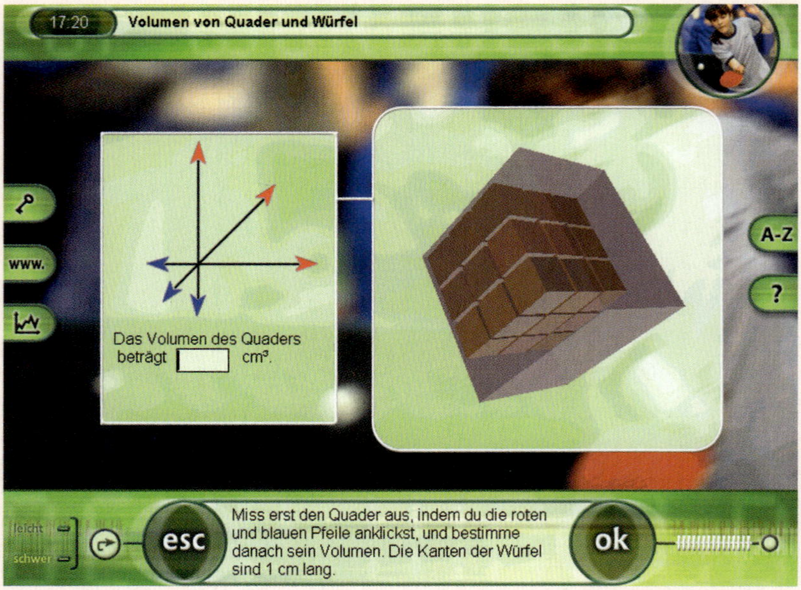

Power Learning – Mathematik –

5. + 6. Klasse

Das Konzept der *Power Learning*-Reihe beschreitet den Erfolg versprechenden Weg der Verschmelzung des klassischen Mediums Lehrbuch mit der multimedialen Aufbereitung durch Software und Internetfeatures.

Im Hauptmenü der Software kann sich der Schüler entscheiden, in welchem Gebiet er sein Wissen vertiefen möchte: Algebra oder Geometrie. Jederzeit stehen ein Lexikon mit alphabetisch geordneten, sehr umfangreichen und zum Teil bebilderten Begriffserklärungen und ein Internetlink zur Verfügung. Über die Links gelangt der Lernende auf die Homepage des Verlages, wo ein breites Spektrum weiterführender Angebote genutzt werden kann.

Hat sich der Nutzer für eines der beiden Themengebiete entschieden, erwartet ihn das Kapitelmenü mit Aufgabenbereichen. Von dort aus gelangt er zu einem Übungspaket, das mehrere Übungen beinhaltet. Diese sind dann linear abzuarbeiten, wobei Erfolg oder Misserfolg protokolliert und angezeigt werden. Das Programm verzeiht eine falsche Antwort, bei einer zweiten wird nüchtern die Lösung präsentiert – ohne Rechenweg oder Hintergrundinformationen. Da eine Sprachausgabe komplett fehlt, werden die Lösungsvorschläge lediglich mit einem Ton und entsprechendem Text quittiert.

Der Schüler hat die Möglichkeit, einzelne Aufgaben zu überspringen, sich die Lösung per Knopfdruck anzeigen zu lassen oder eine Hilfefunktion aufzurufen. Ein Abbruch der Übungsreihe ist jederzeit möglich.

Bei den Übungen handelt es sich um gemischte Aufgaben, die entweder per Tastatureingabe oder Zuordnungen per Maus gelöst werden. Im Geometriebereich muss darüber hinaus mit der Maus gezeichnet werden. Dieses Feature wurde jedoch von den Schülern als mangelhaft bewertet, da die Mausbewegungen äußerst sensibel umgesetzt werden und es dadurch, besonders für Computerlaien, fast unmöglich ist, trotz vorhandenen Wissens gemäß der Aufgabenstellung zu agieren. Unausgereift wirken ebenfalls einige Rechenaufgaben, in denen einzig die Lösung eingegeben werden muss, der Weg dorthin aber unberücksichtigt bleibt. In jedem Übungspaket steht ein Test an letzter Stelle.

Lernmotivationen werden genauso vergeblich gesucht wie altersgemäße Animationen, Grafiken oder Sprüche. Das Programm bleibt in jeder Phase nüchtern und trocken.

Weitere Titel aus dieser Reihe: siehe Anhang

Fazit des Lehrers

Ein schnörkelloses, aber solides Werkzeug, das auf inhaltliche Vollkommenheit und Orientierung am Lehrplan statt auf grafische Finesse setzt. Logisch aufgebaut und klar strukturiert bietet es eine kompakte Möglichkeit, im Unterricht erworbenes Wissen zu festigen und zu vertiefen.

Fazit des Schülers

Hoffentlich hilft mir die Scheibe bei der Vorbereitung auf Klassenarbeiten.

Alter von 10 bis 13
Schulstufe Sek. 1
Anbieter Cornelsen
Genre Übungsprogramm
Preis 19,95 €
ISBN s. Anhang
PC Pentium 200 MHz; 64 MB RAM; SVGA-Grafikkarte (800 * 600) mit 16-Bit (High Color); Win 95, 98

ADDY Teens – Mathe Klasse 5+6

Die CD-ROM ist Bestandteil der beliebten Addy-Reihe in der nunmehr fünften Version und kommt peppiger als je zuvor daher. Sie bietet Kindern von der ersten bis zur achten Klasse eine komplette und aufeinander aufbauende Reihe optimaler Lern-Software. Die Lerninhalte der Reihe sind dabei sorgfältig auf die Lehrpläne abgestimmt. Der Nutzer erhält ein Produkt, das gleichermaßen Spaß macht und grundlegende schulische Inhalte vermittelt. Es bietet für Kinder eine Vielzahl von Möglichkeiten, bisher Gelerntes zu festigen, zu vertiefen und zu erweitern. Durch zahlreiche weitere Funktionen erfahren sie zudem auch viele interessante Dinge, die das Allgemeinwissen fördern. Zusätzlich besteht die Gelegenheit, sich spielend Wissen anzueignen, Neues zu entdecken und kreativ zu gestalten.

Die Software besteht aus zwei Teilen auf jeweils einer CD-ROM: dem Basis-Produkt, hier *Raumschiff* genannt, und dem eigentlichen Mathematikmodul, der *Raumstation*. Erweiternd können für andere Fächer und/oder Klassenstufen *Raumstationen* erworben und entsprechend «angedockt» werden. Zusätzlich kann der Nutzer, ein Internetzugang vorausgesetzt, ein umfangreiches Online-Angebot wie *virtuelle Klassen*, *Foren*, *Clubs* oder *Baumhäuser* nutzen (www.addy.de).

Nach einer Begrüßung und Einleitung durch Addy (in Version 5 endlich mit einer vernünftigen Stimme), der von dem kläffenden Woops und dem Roboter µ3 (sprich: Mü drei) begleitet wird, können die Kinder im Eingangsmenü im Raumschiff verschiedene Benutzer anlegen und diese virtuellen Personen den individuellen Wünschen nach gestalten. Die Möglichkeiten dazu sind vielfältig. Dann betritt der Schüler einen Teleporter und gelangt in das Hauptauswahlmenü der Raumstation. Über den Teleporter ist in den einzelnen Teilen des Programms auch eine Rückkehr zum Hauptmenü möglich. Menüpunkte repräsentieren einzelne Arbeitsbereiche. In Addys Zimmer können die Kinder viel über die unterschiedlichsten Themen verschiedener Wissensgebiete mit Hilfe von Multimedia-Dokumenten entdecken. Dazu gehören: die großen Bauwerke der Menschheit, Musikinstrumente, die sieben Weltwunder, die Entwicklung einer europäischen Stadt über die letzten Jahrhunderte, Vulkanbildung, Malerei, Fakten zu Ländern, die Chronologie der Weltgeschichte, Themenbereiche aus Geographie und Physik und vieles mehr. All diese Dokumentationen sind angereichert mit Bildern, Text und Animationen. Allerdings fehlt Text, die Kinder konsumieren also rein rezeptiv. Im Bereich *Dein Zimmer* hat das Kind die Möglichkeit, sich ein eigenes Zimmer einzurichten und gestalterisch tätig zu werden. Ausgehend von den Hauptthemen *Natur*, *Magie*, *Sport*, *Mittelalter* und *Weltraum* können die Zimmer mit einer Vielzahl von Dekorationselementen ausgestattet werden. Keine Frage: Spielen gehört zum modernen Lernen dazu. Logisch, dass in das Programm kindgerechte Spiele integriert sind. Für jede richtig gelöste Aufgabe erhält das Kind Punkte, mit denen neue Spiele freigeschaltet werden können. Insgesamt stehen über 40 verschiedene Games zur Verfügung.

Dem eigentlichen Lernen widmet sich dann die *Raumstation*, in diesem Fall dem Mathematikkomplex der fünften und sechsten Klasse. Dieser verfügt über rund 1000 Übungen und Aufgaben. Die Übungen sind in drei gestaffelte Aufgabentypen untergliedert: Lernen, Vertiefen und Anwenden der jeweiligen Lerninhalte. Zu jeder Aufgabe ist immer eine Hilfe verfügbar, die einerseits Hilfestellung zur Lösung der aktuellen Aufgabe bietet, andererseits aber auch übergreifende Informationen zur besseren Arbeits-

gestaltung bereithält. Des Weiteren sorgen animierte Lektionen für die Veranschaulichung von Regeln und Gesetzmäßigkeiten. Die Übungsauswahl erfolgt über ein übersichtliches grafisches Menü, das die einzelnen Kapitel und Unterkapitel darstellt. Welche Bereiche mit welchem Erfolg bereits bearbeitet wurden, zeigt eine Lernfortschrittskontrolle an. Diese Übersicht lässt sich natürlich auch ausdrucken, was sich für die Unterrichtspraxis als günstig erweist.

ADDY Teens – Mathe Klasse 5 + 6 ist ein rundum gelungenes Programm zur Aneignung und Festigung mathematischer Lehrplankenntnisse. Es unterstützt den Schüler in optimaler Weise im Lernen, Vertiefen und Anwenden erworbenen Wissens. Unter Einbeziehung innovativer Techniken und multimedialer Komponenten samt Online-Angebot setzt das Programm Maßstäbe im großen Spektrum der Lern-Software. Die grafische Gestaltung ist analog zur gesamten Programmatmosphäre ansprechend und trifft den Comic-Geschmack der Zielgruppe. Steuerung und Menüführung stellen selbst für Computerlaien kein Problem dar. Die passende Sound-Untermalung mit Geräuschen und den witzigen Sprüchen und Kommentaren runden

den sehr guten Gesamteindruck ab. Einzig die hohen Systemvoraussetzungen und die manchmal schlecht verständliche Sprache des Hilfsroboters µ3 (sprich: Mü drei) sind zu bemängeln.

Weitere Titel aus dieser Reihe: siehe Anhang

Fazit des Lehrers
Rundum gelungen.

Fazit des Schülers
Durch die Spiele macht Lernen mit Addy Spaß, und die neue Stimme nervt nicht mehr so.

Alter von 11 bis 13
Schulstufe Sek. 1
Anbieter Vivendi Universal
Genre Lernspiel-Software, Lern-Software
Preis 44,95 €
ISBN 2-84226-413-4
PC Pentium II/300 MHz; 64 MB RAM; 80 MB HDD; SVGA-Grafikkarte (800 * 600) mit 24-Bit (High Color); Win 95, 98, ME
ja

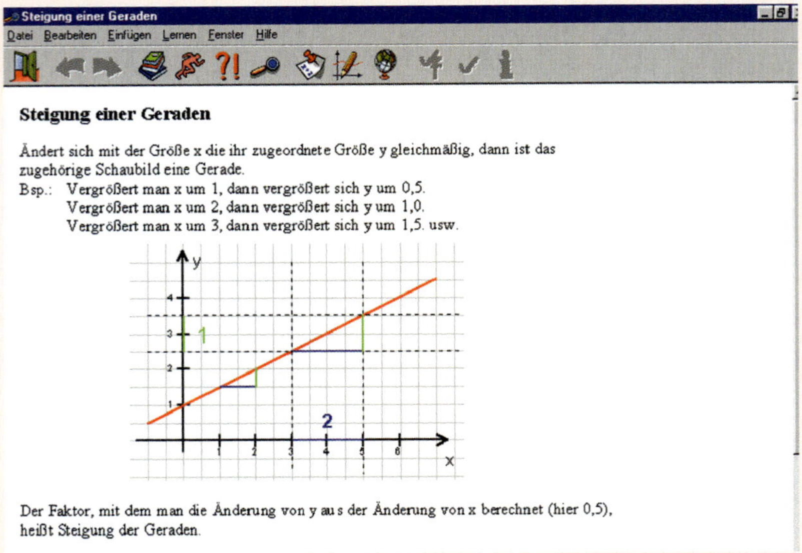

AbiTour Analysis (Oberstufe Mathematik)

Das Programm setzt sich aus verschiedenen Modulen zusammen, von denen hier eine Auswahl vorgestellt wird.

Die *Übungen* sind vielfältig und unabhängig voneinander zu lösen, ein Einstieg ist also an jeder Stelle möglich. Immer wieder fällt auf, dass sie sehr oberflächlich und ihre Ausführungen nicht abiturgemäß sind. Leider ist die Hilfefunktion nicht beispielbezogen, sondern statisch. Schön, dass der Cursor bei der Überprüfung von Lösungen durch die Software genau an der Stelle des Fehlers stehen bleibt – vorausgesetzt, es gibt nur einen Fehler. Es stellt sich allerdings die Frage, warum bei Bedarf keine Teillösungen vorgegeben werden, sondern immer gleich das ganze Blatt gelöst wird. «Denkanstöße» durch die Darlegung von Teillösungen wären günstiger.

Der Teil *Abituraufgaben* ist landesspezifisch und auch so ausgewiesen. Auf Berliner Schulen bezogen ist das Anspruchsniveau zu niedrig. Es fehlt der deutliche Hinweis, dass noch eine Reihe anderer Dinge Voraussetzung für eine erfolgreiche Abiturprüfung sein kann. Auch werden die Vorgehensweisen viel zu stark vorgegeben: Das Wissen, in welcher Reihenfolge welche Methoden anzuwenden sind, vereinfacht die Aufgaben zu sehr und entbindet den Schüler von dem Zwang, den Lösungsweg zu erarbeiten und damit Verständnis für den mathematischen Sachverhalt zu beweisen.

Ein kleines Lexikon trägt zum Verstehen bei und ist mit Animationen unterlegt. Querverweise erleichtern das Nachschlagen erheblich.

Wie fast jedes Programm, das sich mit Mathematik der Sekundarstufe 2 beschäftigt, weist *AbiTour* einen *Funktionenplotter* auf. Ein Fehler, der sich ebenso in vielen Vergleichsprodukten findet, macht auch vor diesem nicht Halt: Unstetigkeitsstellen (z. B. $f(x) = x/x$ für $x = 0$) werden grafisch nicht ausgewiesen, aber immerhin in der Wertetabelle erkannt. Warum die Eingabe von Funktionen durch die Vorgabe von «f(x) =» nicht erleichtert wird, bleibt rätselhaft.

Das *Rechenblatt* weiß zu überzeugen: ausmultiplizieren, ausklammern, lösen und und und ... Viele Möglichkeiten helfen beim Lösen auch von eigenen Beispielen. Gut, dass Zwischenschritte ausgeführt und nicht nur die Lösungen angegeben werden. Für Schüler ist das Rechenblatt möglicherweise problematisch, weil damit natürlich auch Hausaufgaben zu lösen sind und ihr Übungseffekt dadurch entfällt. Schüler sehen das sicher anders.

Weitere Titel aus dieser Reihe: siehe Anhang

Fazit des Lehrers

Ein abgerundetes Produkt mit einigen Schwächen und etwas zu trocken. Für den von den Softwarefirmen vernachlässigten Mathe-Oberstufenbereich das Beste, was auf dem Markt ist.

Fazit des Schülers

Ich finde das Programm zur Vorbereitung ganz okay, aber ich würde mich für mein Abi sowieso nie nur auf Software verlassen.

Alter von 16 bis 19
Schulstufe Sek. 2
Anbieter HEUREKA Klett
Genre Lern-Software, Übungsprogramm, Nachschlagewerk
Preis 39,90 €
ISBN 3-12-136096-5
PC ab 486; 16 MB RAM; 5 MB HDD; VGA-Grafikkarte (640 * 480) mit 256 Farben; Win 95, 98, NT

Zuordnung von Trittspuren
Untersuche die Schneedecke des nächtlichen Waldbodens mit der Taschenlampe, indem du den Lichtkegel verschiebst. Wenn du eine Spur findest, wähle das dazu passende Tier aus!

Kapitel 7
Naturwissenschaften

Zauberwald 2 und 3

Ein blauer Marienkäfer mit unerträglicher Stimme erklärt in beiden Programmen zunächst die Funktionen der Benutzeroberfläche. Positiv: Die Hilfefunktion ist stets abrufbar und sachgemäß.

Kinder aktivieren eine Lupe, die Fotos einzelner Tiere und Pflanzen aufnimmt. Bei Klick auf eines der angefertigten Bilder erscheint eine Karte, die unter anderem ein manchmal bis zur Unkenntlichkeit verniedlichtes Bild und einen meist weniger guten Infosatz («Die schwarze Johannisbeere wächst am Johannisbeerstrauch.») zeigt. Da die Schriftart ohnehin kaum lesbar ist, ist es tröstlich, dass der Infosatz durch weitere aufdringliche Stimmen abgerufen werden kann. Diese Bilder werden in einer persönlichen Bildersammlung gespeichert. Bei einem Neustart ist die recht beschwerlich erworbene Sammlung allerdings verschwunden.

Im *Zauberwald 2* klickt das Kind einen Kartoffelkäfer an, der einen Malkurs anbietet. Dort lernt es, genauso zu malen wie der Kartoffelkäfer – sonst wird es nicht belohnt. Im Wald naht ein Wildschwein stampfend heran, das kleineren Kids durch bildschirmübergreifendes Rollen der

Augen und großes Getöse durchaus Angst machen kann. Eine Biene fordert sprachlos dazu auf, ihren Korb mit Blütennektar zu füllen – ebenso wenig eine naturgetreue Szene wie die mit dem Fliegenpilz, der sich auf Wunsch schrill umfärbt.

Wer *Zauberwald 2* kennt, ist nicht überrascht, wenn wir in Ausgabe 3 auf einen singenden Biber stoßen, der gerne Holzstücke für seinen Bau gereicht bekommt. Die unterschiedlich großen Stücke haben Namen wie «Klang» und «Rikiki» statt groß und klein. Wir dürfen dann zuschauen, wie der Bau entsteht ... Zurück im Wald, singt Grashüpfer Benni ein Lied, dessen Inhalt größtenteils rätselhaft bleibt. Nach den Anweisungen des Songs soll das Kind die Tiere des Zauberers Dachs in die richtige Reihenfolge bringen. Aber wie, wenn es nur die Hälfte der Angaben versteht?

Die anfängliche Neugier der Schüler ließ sehr rasch nach, da sie über die wenigen Funktionen auf den CD-ROMs enttäuscht waren. Sie äußerten selber die Meinung, dass sie nur wenig lernen. Dies bestätigte sich in einer Wochenplanarbeit zum Thema «Tiere im Herbst»: Die Kinder sollten dem *Zauberwald* Informationen entnehmen, was ihnen kaum gelang, da die ausdruckbaren Infotexte viel zu oberflächlich sind. Viele Kinder waren zudem schnell durch die schlechte Handhabbarkeit des Mauszeigers entmutigt.

Weitere Titel aus dieser Reihe: siehe Anhang

Fazit des Lehrers

Wenig empfehlenswerte Programme, die kaum Informationen über den Wald und seine Bewohner bereithalten. Nette Spielchen täuschen nicht über die verniedlichenden Darstellungen hinweg.

Fazit des Schülers

Wenn ich wenigstens Spaß hätte ...

Alter von 4 bis 7
Schulstufe Vorschule, Grundschule
Anbieter KOCH Media
Genre Lernspiel-Software
Preis 15,31 €
ISBN 3-85323-538-7 (2), 3-85323-539-5 (3)
PC Pentium 133 MHz; 32 MB RAM; 25 MB HDD; SVGA-Grafikkarte (800 * 600) mit 16-Bit (High Color); Win 95, 98, Me, NT
ja

Pong Pong entdeckt den menschlichen Körper

Die CD-ROM kann auf zwei unterschiedliche Arten eingesetzt werden: Entweder muss «Pong Pong aus dem Wunderdorf» ein Abenteuerspiel mit 16 Levels bestehen, um einen so genannten «Gedankenhort» zu erreichen, aus dem es dann aber bloß wieder nach Hause geht, oder der Spieler wählt eine «Welt des Wissens zum Lernen», in der zehn in einem Index aufgelistete Sachverhalte wie *Warum bekommen Zähne Löcher?*, *Wozu haben wir Nasenhaare?* oder *Wie unterscheidet unsere Zunge verschiedene Geschmäcker?* abgefragt werden. Hier bietet das Programm die Gelegenheit, aus drei in Text und Ton vorgegebenen Lösungsvorschlägen zu wählen und das vermeintlich Richtige anzuklicken. Es besteht auch die Möglichkeit, sich für das Vorlesen zu entscheiden. Die richtige Lösung erscheint dann gleich als Text, den der Nutzer sich anhören darf. In jedem Falle folgt eine den abgefragten Sachverhalt näher erläuternde, animierte Zeichnung.

Die Tätigkeit des Spielers beschränkt sich hier also auf rezeptives Anklicken. Neuere Erkenntnisse der

Didaktik werden nicht berücksichtigt. Sicher weiß er bei ausreichend häufigem Spielen irgendwann die richtige Antwort auswendig, die Software selber aber bietet keine Möglichkeit, den aktuellen Themenkomplex zu erschließen. Ein integriertes, kindgerechtes Nachschlagewerk, wie von Terzio auf den Löwenzahn-CD-ROMs vorgemacht, wird schmerzlich vermisst. Ein weiteres Manko sind die gelegentlich ziemlich oberflächlichen Informationen: «Ein Menschenleben beginnt mit der Kindheit, geht dann durch Jugend und Erwachsenenleben und endet im hohen Alter. Das ist der Lauf des Lebens.» Das ist zum Thema «Leben» deutlich zu wenig ...

Auch auf der Spielebene soll der Lernende aus drei Antwortvorschlägen den richtigen erraten (oder wissen), um dann eine ergänzende Information zu erhalten. Etwa 150 Fragen sind hier integriert. Auf allen Levels können auf diese Weise Wissenspunkte oder hilfreiche Gegenstände gesammelt werden, die eine nach Spielende ausdruckbare Urkunde zieren. Wird falsch geantwortet, verschwindet der Wissenspunkt im Nirwana, die Frage bleibt ungelöst. Wenigstens sollten weitere Versuche möglich sein oder die passende Antwort gegeben werden. So bleibt ein unbefriedigendes Gefühl zurück.

Weitere Titel aus dieser Reihe: siehe Anhang

Fazit des Lehrers

Sicher kann ein Kind mit dieser CD-ROM etwas über den menschlichen Körper lernen, wenn es geduldig ist und ein gutes Gedächtnis hat. Den Erwartungen, die an ein gutes Lernprogramm gestellt werden, wird die Software durch die rein rezeptiv orientierten Anforderungen an die Lernenden nicht gerecht.

Fazit des Schülers

So richtig toll find ich die Scheibe ja nicht.

ALTER von 5 bis 99
SCHULSTUFE Grundschule, Sek. 1 und 2, lebenslanges Lernen
ANBIETER A 1 Software
GENRE Lernspiel-Software
PREIS 19,95 €
ISBN 3-934832-69-5
PC Pentium 133 MHz; 8 MB RAM; 10 MB HDD; SVGA-Grafikkarte (800 * 600) mit 256 Farben; Win 95, 98, NT
 ja

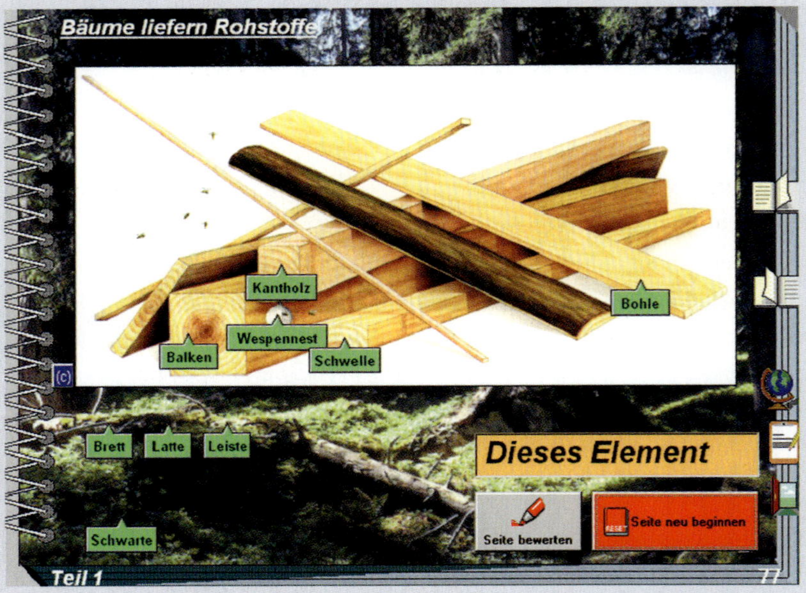

Wald CH interaktiv

Eine aktuelle Untersuchung belegt, dass ein hoher Prozentsatz von Kindern selbst häufig in ihrer Umwelt vorkommende Pflanzen und Tiere nicht benennen kann. Aber nur Bekanntes kann bewusst wahrgenommen und damit der Artenreichtum der Natur geschätzt und als schützenswert erachtet werden.

Hier setzt die Software des ambitionierten Schweizer Lehrers Andres Streiff an. Angefangen von unterschiedlichen Waldbewohnern (Bäume und Tiere) sind Funktionen und Bedeutung des Waldes für den Menschen ebenso Thema wie Nutzen, Pflege und Waldsterben. Es geht um Baumarten, Tierarten, Lebensräume, Nahrungsketten, Geräusche, Tierspuren, aber auch um Sachverhalte wie «Der Wald als Arbeitsplatz» und Konflikte, die sich aus touristischer Nutzung ergeben, oder Gefahren als Folge einseitiger Aufforstung. Es ist beeindruckend, was hier auf einer einzigen CD-ROM zusammengetragen wurde!

Fotos aus dem Glarnerland ergänzen die umfangreiche Wissensbank. Sie regen zum Nachdenken an und lassen sich nicht nur auf schweizerische Verhältnisse übertragen.

Natürlich kann das Programm die originale Begegnung nicht ersetzen, eine sinnvolle Ergänzung und Vertiefung ist es aber allemal. Mittels Zuordnungsübungen, Beobachtungsaufgaben und auch Höraufträgen wird gelernt. Die Lösungen können angezeigt, in Ruhe betrachtet und nachvollzogen werden. Eine sofortige Kontrolle ist möglich, bei Bedarf auch erneutes Lernen und Überprüfen. Abgeschlossen werden viele Kapitel durch Quizzfragen oder eine Lernkontrolle mit Null-Fehler-Toleranz. Eine Auswertung weist sehr deutlich darauf hin, dass zu diesem oder jenem Sachverhalt die Kenntnisse noch vertieft werden könnten. Ein Neubeginn der Übungen ist jederzeit möglich; Lernfortschritte werden dadurch dokumentiert, was die Motivation eindeutig steigert.

Es muss ganz deutlich gesagt werden: Dies ist Software, mit der gelernt und nicht gespielt werden soll (und kann).

Beim Zugang zu den unterschiedlichen Themen ist ein Inhaltsverzeichnis zwar hilfreich, eine Stichwort- oder gar eine Volltextsuche fehlen leider. Da hilft nur Blättern zu den Untertiteln und auf Folgeseiten, zumal das Inhaltsverzeichnis recht knapp ist. Schade auch, dass zwar eine Kopierfunktion vorgesehen ist, die aber nur eingeschränkt mit der Textverarbeitung Word zusammenarbeitet. Eindeutig negativ zu beurteilen ist die Qualität vieler Video- und Tonsequenzen. Hier sollte eine professionelle Überarbeitung erfolgen! Auch ist das Programm sehr teuer.

Fazit des Lehrers

Gut aufbereitete Informationsvielfalt, deren multimediale Umsetzung der Überarbeitung bedarf. Zum reinen Pauken geeignet.

Fazit des Schülers

Wusste gar nicht, dass es im Wald so viele verschiedene Pflanzen und Tiere gibt.

Alter ab 8
Schulstufe Grundschule, Sek. 1
Anbieter lernklick.ch
Genre Lern-Software
Preis 50,00 €
ISBN Bestellmöglichkeit auf der Webseite
PC Win 3.1, 95, 98, 2000

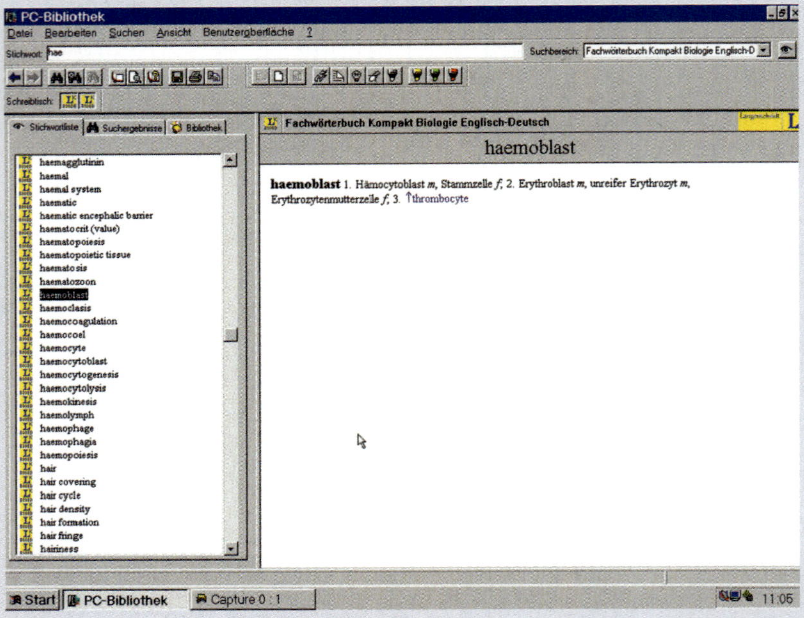

Langenscheidts Fachwörterbuch Kompakt Biologie 2.1

Zum Fach Biologie begnügen sich die meisten Programme mit Wald- und Wiesenthemen. Selten finden ältere Schüler die Möglichkeit, sich auf CD-ROM mit Komplexen wie theoretische oder Molekularbiologie, Genetik, Gentechnologie oder Biochemie und -physik zu befassen. Genau das und vieles mehr bietet aber das *Fachwörterbuch Kompakt Biologie* in der Version 2.1. Weitere große Bereiche sind Botanik, Mikrobiologie, aber auch interdisziplinäre Gebiete wie Biotechnologie, Immunologie und Virologie. Insgesamt stehen dem Benutzer ca. 37 000 Fachbegriffe zur Verfügung.

Um sich in den vielfältigen Anwendungsmöglichkeiten zurechtzufinden, bedarf es eines intensiven Studiums des auf der CD-ROM enthaltenen Handbuches. Eine normale Stichwortsuche erschließt sich jedoch aus der abgebildeten Menüleiste von alleine. Das Programm kann parallel zur Textverarbeitung für anfallende Übersetzungen direkt benutzt werden. Die Übersetzungen lassen sich per Kopierfunktion in den Text übernehmen. Als weitere Möglichkeiten bieten sich: Arbeiten mit so genannten Katalogen oder Büchern als Unterverzeichnisse; Benutzerwörterbücher können angelegt, im- und exportiert werden; Markierungen und Anmerkungen lassen sich einfügen.

Die Software ist für bilinguale oder internationale Bildungsprojekte hilfreich, da sich die Suche nach Fachbegriffen ansonsten selbst in den umfangreicheren englischen Print-Wörterbüchern schwierig bis unmöglich gestaltet. Sie erschließt die Möglichkeit, älteren Schülern mit fundierten Fremdsprachenkenntnissen auch einmal englischsprachige Artikel zuzumuten. Für Schulen, die auf diesem Sektor häufiger tätig sind, lohnt sich die Investition von knapp 50 € ebenso wie für Studierende, die oft mit englischsprachiger Literatur konfrontiert werden. Da sie häufig Zusammenfassungen in Englisch abgeben müssen und Englisch Wissenschaftssprache ist, bieten sich hier weitere Einsatzmöglichkeiten.

Vorteilhaft ist es weiterhin, per Internet (www.pc-bibliothek.de) alle Standardwerke u. a. auch von Langenscheidt für Übersetzungen nutzen zu können. Umständliches Herumblättern entfällt, komfortabel lassen sich Begriffe suchen und ihre Bedeutungen anzeigen.

Weitere Titel aus dieser Reihe: siehe Anhang

Fazit des Lehrers

Eine lohnende Investition für alle diejenigen, die häufig mit englischsprachigen biologischen Texten bzw. mit Übersetzungen ins Englische konfrontiert werden.

Fazit des Schülers

Hiermit finde ich Vokabeln, nach denen ich oft lange suchen musste, endlich schneller.

Alter von 12 bis 99
Schulstufe Sek. 1 und 2, lebenslanges Lernen
Anbieter Langenscheidt
Genre Fachwörterbuch
Preis 49,90 €
ISBN 3-86117-169-4
PC ab 386, besser 486 DX/33 MHz; 8 MB RAM; 13 MB HDD; VGA-Grafikkarte (640 * 480) mit 256 Farben; Win 3.1, 95, 98, NT
 ja

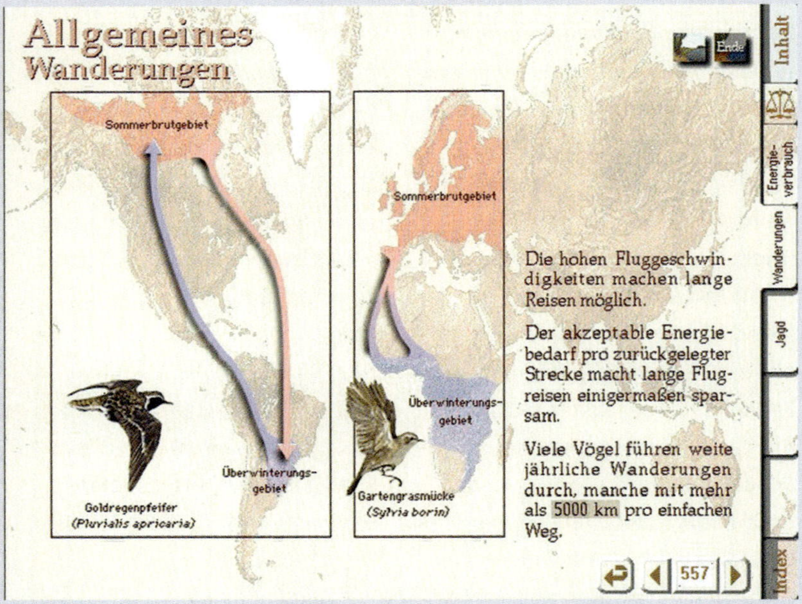

Wunderwelt der Tiere (Systhema Classics)

Die Software zeigt vielfältige Aspekte einer faszinierenden Tierwelt. Im Vordergrund steht der Bewegungsapparat zahlreicher Tiere. Ausgangspunkt ist die Titelseite mit den zwei Komplexen «Geführte Touren» und «Erforschen». Beide enthalten Informationen zu Bewegungsabläufen der Tiere auf der Erde, im Wasser und in der Luft. Sie sind in zwölf Kategorien wie *Gehen und Rennen*, *Klettern*, *Allgemeines* und *Spiel* unterteilt, deren Behandlungsreihenfolge frei wählbar ist.

Der Bereich «Geführte Touren» bietet allgemeine Informationen über die Bewegungsabläufe einzelner Tiere, etwa das Kletterverhalten der Affen oder das Gleiten der Adler. Die einzelnen Informationen werden klar und deutlich vorgelesen. Jederzeit besteht die Möglichkeit, in den anderen Themenkomplex zu wechseln, die Informationen somit zu vertiefen und mit bereits vorhandenem Wissen zu verknüpfen, oder die Vorträge zu unterbrechen bzw. zu beenden.

Das Modul «Erforschen» besteht aus einem multimedialen Lexikon, gefüllt mit weitergehenden Informationen. Hier lesen die Nutzer die Texte über die Bewegungsabläufe, können sich das Gelesene durch Abspulen einzelner Bildsequenzen veranschaulichen und bestimmen selber, wie lange sie sich mit einem Thema beschäftigen. Farbig unterlegte Wörter führen zu noch tiefer gehenden Informationen. Die umfassenden Darstellungen und Informationen erfüllen ihren Zweck als Nachschlagewerk sehr gut.

Die Informationen sind komplex und umfangreich und für ältere Nutzer genau richtig.

Das Programm ist multimedial angelegt: Fotos und Videosequenzen animieren zum selbständigen Lernen. Schrift, Ton, Musik, Videos und Grafiken präsentieren sich in optimaler Qualität. Eine Index-Funktion von A bis Z ermöglicht den Schülern, gezielt Informationen zu bestimmten Tieren und deren Bewegungsabläufen zu entnehmen.

Lernkontrollen durch Übungen oder Tests sind ebenso wie unterschiedliche Schwierigkeitsstufen der einzelnen Kategorien nicht vorhanden. Die CD-ROM ist in Einzel- und Kleingruppenarbeit oder in Medienecken einsetzbar und am Lehrplan orientiert – und natürlich auch für daheim und erwachsene Nutzer geeignet.

Weitere Titel aus dieser Reihe: siehe Anhang

Fazit des Lehrers

Die Software ist für alle Tierfans ein Muss. Das Gebiet «Geführte Touren» ist genau richtig für Lesemuffel, da vorgelesen wird. Das Modul «Erforschen» bietet ein tolles multimediales Nachschlagewerk von A (Affen – Kletterverhalten) bis Z (Zebras – Rennverhalten).

Fazit des Schülers

Fast so schön wie ein Besuch im Zoo.

Alter von 12 bis 99
Schulstufe Sek. 1 und 2, lebenslanges Lernen
Anbieter United Soft Media
Genre Lern-Software, Nachschlagewerk
Preis 15,30 €
ISBN 3-8032-6372-7
PC Pentium 166 MHz; 32 MB RAM; 3 MB HDD; VGA-Grafikkarte (640 * 480) mit 16-Bit (High Color); Win 95, 98, ME, 2000, XP
ja

Bioscopia

Der Beschreibung von *Bioscopia* in den Anzeigen des Klett Verlages mit den Worten «Die Welt von Bioscopia spielend lernen: In der fantastischen Welt von Bioscopia zeigt sich, was das Wissen um die Biologie leisten kann. Rätsel, Experimente und mysteriöse Phänomene – wer sich dem Abenteuer stellt, erlebt Spannung pur» lässt sich bei der Beschäftigung mit dem Programm voll und ganz nachvollziehen. Endlich mal verspricht die Werbung nicht zu viel. Der einem Adventure entsprechende Aufbau mit futuristischer, schön gemachter Grafik fordert die Auseinandersetzung mit Inhalten des Faches Biologie heraus, wobei die Bedienung des Programms einfach und sofort durchschaubar ist.

Auf den vom Spielbereich getrennten Lernteil kann und muss während des Spielens immer wieder zurückgegriffen werden, um Aufgaben zu lösen und das Adventure zu bewältigen. Er umfasst Wissenswertes aus den Gebieten *Zoologie*, *Menschenkunde*, *Zellbiologie*, *Botanik* und *Genetik*. Die Sachinformationen sind gut verständlich und sehr komprimiert dargestellt. Dieser Teil ist ein Kompendium wesentlicher Lerninhalte der Sekundarstufe 1. Auch losgelöst vom Spielteil ist er in der Funktion eines Nachschlagewerkes als Begleiter durch diese Schulstufe einsetzbar. Besonders positiv fallen die anschaulichen und auf wesentliche Sachverhalte reduzierten Animationen, etwa zur Fortbewegung des Menschen oder zu Sinnesorganen und Wahrnehmung, auf. Hier wird am Beispiel eines Fußballers das Zusammenspiel von Auge, Nerven, Gehirn und Muskulatur eindrucksvoll erläutert. Die Beispiele stammen durchweg aus dem Erfahrungsraum der Schüler. Im Bereich Genetik wird beispielsweise auf einfachem Niveau die Erstellung von Stammbäumen erklärt. Zu allen Tierklassen gibt es wesentliche Informationen.

Die Spielstände sind für mehrere Spieler abzuspeichern. Ausdruckmöglichkeiten sind nicht gegeben, bei der sehr gerafften Darstellung wird das aber auch nicht vermisst.

Die Lernkontrolle ergibt sich aus dem Spielfortschritt. Hier werden allerdings keine Abfragen nach vorhandenem Wissen bzw. auch keine Anpassung oder unterschiedliche Schwierigkeitsgrade angeboten. Lernkontrolle in Form von Tests ist nicht vorgesehen.

Der Einsatz im Unterricht ist damit nur bedingt möglich, aber für den Nachmittagsmarkt gibt es im Bereich Biologie weit und breit nichts, das ähnlich gelungen Lernen und Spielen miteinander verknüpft.

Fazit des Lehrers

Biologie in ihrer schönsten Form. Endlich eine Software, mit der ich meine Schüler für Biologie begeistern kann.

Fazit des Schülers

Huch, das sieht ja wie ein echtes Game aus.

Alter von 12 bis 99
Schulstufe Sek. 1 und 2, lebenslanges Lernen
Anbieter HEUREKA Klett
Genre Lernspiel-Software, Adventure
Preis 49,90 €
ISBN s. Anhang
PC Pentium 233 MHz; 64 MB RAM; 120 MB HDD; SVGA-Grafikkarte (800 * 600) mit 16-Bit (High Color); Win 98, 2000, ME, NT
ja

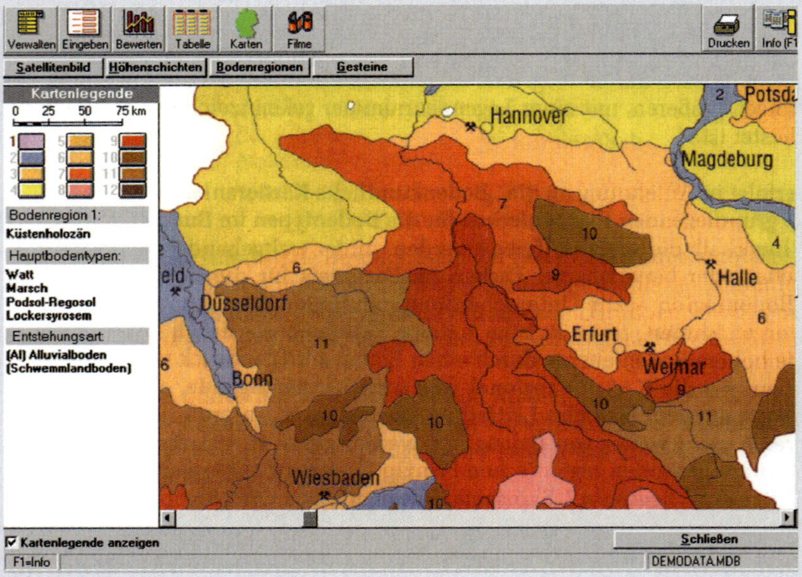

Umweltatlas Boden

Der *Umweltatlas Boden* bietet sehr vielfältige Informationen in Form von auf Deutschland bezogenem Kartenmaterial, Ausschnitten aus den Filmen des FWU (Institut für Film und Bild in Wissenschaft und Unterricht) zu Bodenorganismen und Anleitungen zu bodenchemischen Untersuchungen.

Für die Sekundarstufe 1 werden zahlreiche Filmausschnitte und der Bestimmungsschlüssel für Bodenorganismen angeboten. Die Bestimmungsübungen erfolgen sowohl über einen Voll- als auch über einen dynamischen Schlüssel und sind relativ leicht zu handhaben. Ergänzend gibt es von vielen Lebewesen Fotos. Weitergehende Informationen lassen sich per Klick aufrufen. Der Zugriff auf die Filmausschnitte ist gezielt möglich.

Mit Schülern der Sekundarstufe 2 können zudem bodenchemische Untersuchungen durchgeführt werden. Die Anleitungen dafür finden sich im Programm. Ein entsprechender Protokollbogen kann ausgedruckt werden. Auf diesem Wege lassen sich auch über längere Zeiträume Datenbanken zu speziellen Bodenbereichen zusammenstellen und auswerten. Mit Hilfe der erfassten Parameter laufen dann Simulationen ab, die beispielsweise die Auswirkungen einer gezielten Düngung oder Veränderungen in der Niederschlagsmenge demonstrieren. Eine Schausimulation im Programm liefert eine Vorstellung davon, wie die Daten später genutzt werden können.

Aus anderen Datenbanken können Daten importiert oder Datensätze auch exportiert werden. Alle Daten lassen sich schnell und per Knopfdruck in verschiedene, ebenfalls ausdruckbare Grafiken umsetzen.

Die Installation und Deinstallation des Programms ist einfach. Die Möglichkeiten der Software sind in einem 30-seitigen Handbuch erfasst, das als Word-Dokument und als PDF-Datei zur Verfügung steht. Auf den ersten Blick ist die Handhabung der Datenbank gewöhnungsbedürftig: Eine gewisse Einarbeitungszeit und die Lektüre des Handbuches sind unbedingt notwendig, um die Arbeit mit ihr aufzunehmen. Der Aufwand jedoch lohnt sich besonders, wenn über längere Strecken Untersuchungsergebnisse aufgezeichnet werden sollen oder ein Projekt eine längere Bearbeitungszeit zulässt.

Da viele Informationen zum Thema Boden aus biologischem und geographischem Blickwinkel zur Verfügung stehen und die Simulations- und Berechnungsmöglichkeiten interessant sind und sehr schnell Veränderungen zeigen, ist ein Einsatz in Ökologie- und Erdkundekursen ebenso wie in fachübergreifenden Projekten denkbar.

Fazit des Lehrers

Gelungen sind die Möglichkeiten des Programms, die notwendige Einarbeitung allerdings kostet viel Zeit.

Fazit des Schülers

So kann ich mir vieles aus dem Chemie- und Biounterricht besser vorstellen.

Alter von 14 bis 99
Schulstufe Sek. 1 und 2, lebenslanges Lernen
Anbieter FWU
Genre Lern-Software
Preis 45,00 €
ISBN Bestell-Nr.: 6 600 400
PC ab 486; 8 MB RAM; 30 MB HDD; VGA-Grafikkarte (640 * 480) mit 256 Farben; Win 3.1 bis Win 95

Erlebnisreise in die Natur – Der Wald und *Erlebnisreise in die Natur – Der See*

Die beiden CD-ROMs ermöglichen es, ökologische und teils auch chemische Beziehungen im Lebensraum Wald oder See zu erforschen. Der Inhalt der Software entspricht den Lehrplanvorgaben und ist fachlich einwandfrei. Er lässt sich je nach Unterrichtsstufe gezielt einsetzen. So lernen schon Schüler der Sekundarstufe 1 erste Lebenszusammenhänge im Wald oder See kennen, die in der Oberstufe wiederholt und vertieft werden können.

In der Ausgabe zum *See* lassen sich etwa anhand typischer Beispiele verschiedene Seentypen mit ihren Besonderheiten herausarbeiten. Lebensweltbezug macht die Software besonders reizvoll: Die Mikroskopieranleitungen sowie die Vorschläge zur Anlage eines Teiches lassen sich leicht in die Praxis umsetzen und vermitteln weitergehende Erfahrungen in Bezug auf das Ökosystem See.

Die *Erlebnisreise in den Wald* eröffnet die Möglichkeit, die verschiedenen «Stockwerke» im Wald mit ihren Besonderheiten sowie Nahrungsbeziehungen zu erarbeiten. Die Anlage eines Foto-Herbariums sowie der Bau eines Fledermauskastens bieten auch hier Lebensweltbezug.

Die Lerninhalte beider Programme sind geschickt auf das Wesentliche reduziert und in kurzen, sprachlich leicht zu erfassenden Texten, Videoausschnitten aus den Filmen des FWU als Foto, Grafik oder Animation qualitativ gut dargestellt. Die unterschiedlichen Darstellungsformen tragen sehr zum Verständnis der Sachverhalte bei und berücksichtigen die verschiedenen Lerntypen. Sowohl Einzelaspekte als auch Zusammenhänge werden anschaulich und verständlich präsentiert.

Die Software ist in Lerneinheiten unterteilt, somit ist freie Zeiteinteilung möglich. Vorwissen wird nicht abgefragt. Der Schwierigkeitsgrad lässt sich durch Vorgaben des Lehrers für die zu bearbeitenden Kapitel oder die Themenstellung steuern.

Das Modul «Interaktionen» erlaubt eine Lernkontrolle: richtig oder falsch, einfache Zusammenhänge, mit Wiederholungsmöglichkeit und auch mit Lösung. Der Fehler wird gezeigt, die Lösung eingeblendet. Für ältere Schüler ist dies allerdings zu simpel.

Die Programme erklären ihre wichtigsten Funktionen selber, die Symbolik ist eindeutig und intuitiv erschließbar. Ein kleines Handbuch gibt der Lehrkraft schnell einen Überblick über die Inhalte. Darüber hinaus werden Arbeitsaufträge für Sekundarstufe 1 und Arbeitsbogen mit schwierigeren Zusammenhängen für Sekundarstufe 2 angeboten.

Fazit des Lehrers

Die Programme sind leicht zu bedienen, anschaulich und auf die Bedürfnisse des Unterrichts abgestimmt. Bis auf die etwas angestaubte Grafik rundum gelungen.

Fazit des Schülers

Macht Spaß, könnte cooler sein.

Alter von 14 bis 99
Schulstufe Sek. 1 und 2, lebenslanges Lernen
Anbieter FWU
Genre Lern-Software
Preis 45,00 €
ISBN Bestell-Nr.: 6 600 110 (Wald), 6 600 100 (See)
PC Pentium; 8 MB RAM; VGA-Grafikkarte (640 * 480) mit 256 Farben; Win 95

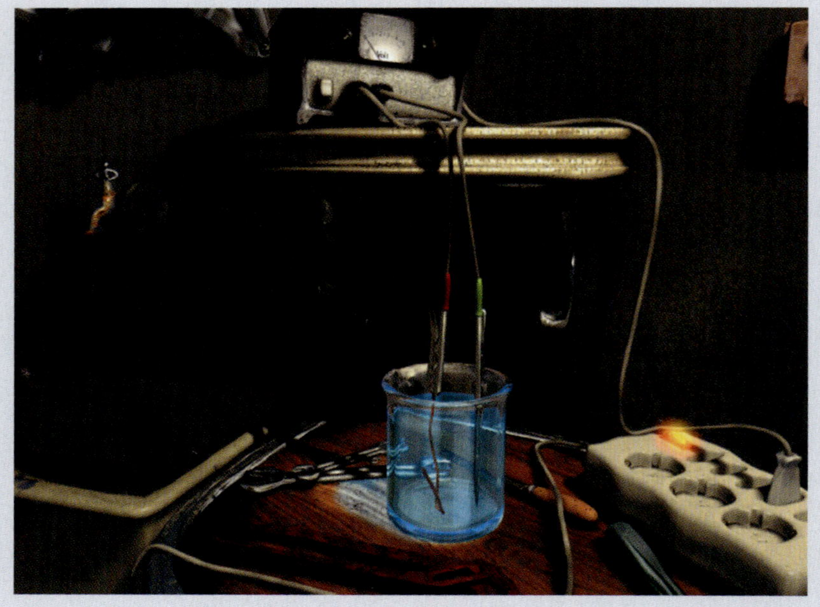

Chemicus

«Auf der Suche nach dem spurlos verschwundenen Freund machen Sie sich auf in die gigantische Welt des Chemicus. Welche Rolle spielen die undurchsichtigen Kapuzenträger? Wird der Freund im goldenen Turm gefangen gehalten? Die Stadt des Wissens birgt ein Geheimnis, und nur Sie können es aufklären.» Die Beschreibung des Klett Verlages zum *Chemicus* lässt erwartungsvoll aufhorchen.

Es zeigt sich, dass das einfach zu installierende und zu bedienende Adventure sogar Chemielehrer mit 20 Jahren Berufspraxis in ihren Bann zieht, nicht zuletzt auch wegen der ansprechenden Grafik und der praxisbezogenen Problemlösungen, die die Bedeutung chemischer Zusammenhänge für das tägliche Leben veranschaulichen. So gilt es beispielsweise im Adventure, zunächst mit Hilfe einer Zitronenbatterie in dunklen Kellergängen Licht zu gewinnen. Chemie erlangt hier sehr praktische Bedeutung.

Kenntnisse und sogar Informationen aus dem lexikalisch angelegten Lernteil müssen zur Problemlösung eingesetzt werden, sodass Spielen und Lernen optimal verknüpft sind.

Der Übergang vom Spiel- zum Lernteil ist jederzeit problemlos möglich und braucht nur wenig Ladezeit.

Die Kapitel *Stoffe und ihre Eigenschaften*, *Stoffe und Stoffveränderungen*, *Atombau*, *Organische Chemie*, *Säuren, Laugen und Neutralisation* sowie *Elektrochemie* sind übersichtlich gegliedert, die Zusammenhänge anschaulich und sachlich richtig erläutert. Abbildungen tragen zum Verständnis bei. Als Ergänzung stehen ein Index sowie wesentliche Entsorgungshinweise zur Verfügung. Der Lernteil stellt somit ein komprimiertes Kompendium dar. Seine Einbettung in ein phantastisches und packendes Adventure ist dabei äußerst gelungen.

Ein Teil der Experimente lässt sich durchaus auch daheim mit einfachen Mitteln und ohne Gefahr nachstellen oder ist Teil des Chemieunterrichtes.

Es fehlt eine direkte Wissensabfrage auf unterschiedlichem Niveau oder mit direkter Fehleranzeige. Die für die Probleme richtigen Lösungen ergeben sich aus dem Weiterkommen im Spiel. Inwiefern der dafür notwendige Lernstoff auch wirklich verinnerlicht ist, lässt sich nicht überprüfen. Daher ist der Einsatz im Privatbereich sicherlich dem in der Schule vorzuziehen. Dort allerdings ist Spannung pur angesagt.

Fazit des Lehrers

Spannend wie ein Adventure, lehrreich wie ein Kompendium! Eine gute Synthese aus Spannung und Wissenserwerb, die Interesse an einem oft als zu theoretisch empfundenen Fach zu wecken vermag.

Fazit des Schülers

Von mir aus kann der Unterricht gegen die CD-ROM getauscht werden.

Alter von 12 bis 99
Schulstufe Sek. 1 und 2, lebenslanges Lernen
Anbieter HEUREKA Klett
Genre Lernspiel-Software, Adventure
Preis 49,90 €
ISBN s. Anhang
PC Pentium 233 MHz; 64 MB RAM; 50 MB HDD; SVGA-Grafikkarte (800 * 600) mit 32-Bit (High Color); Win 95, 98, 2000, ME, NT
ja

LERN-SOFTWARE RATGEBER

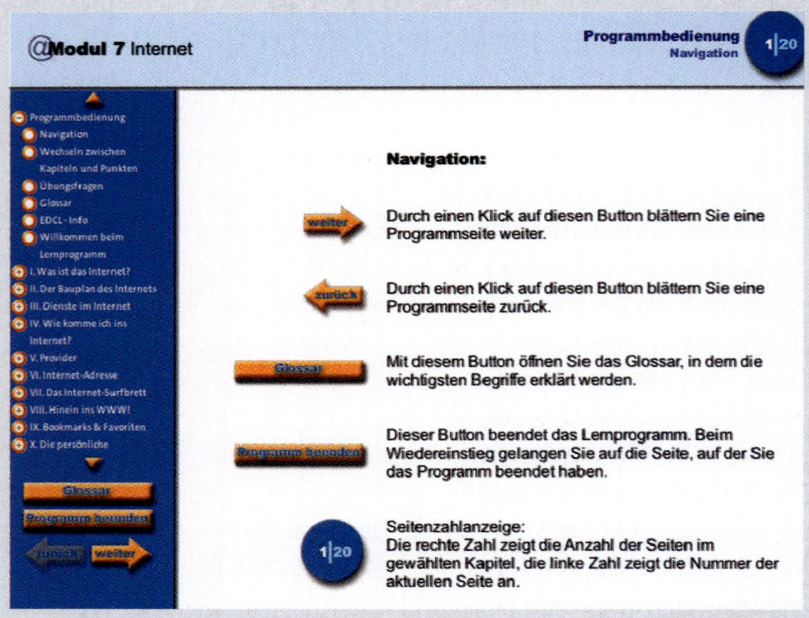

Europäischer Computerführerschein

Der Europäische Computer-Führerschein (ECDL – European Computer Driving License) ist ein international anerkanntes Zertifikat auf der Grundlage eines einheitlichen Lehrplans. Die ECDL-Foundation garantiert den ECDL-Standard innerhalb Europas wie auch weltweit. Namhafte Firmen unterstützen dieses Konzept. Der ECDL ist ein Zertifikat, das seinem Besitzer Fähigkeiten im Umgang mit dem PC und gängigen Software-Anwendungen bescheinigt. Die Teilprüfungen können in beliebiger Reihenfolge, in verschiedenen Prüfungszentren und sogar Ländern abgelegt werden.

Es gibt sieben Module: *Grundlagen der Informationstechnologie*, *Computerbenutzung und Dateiverwaltung*, *Textverarbeitung*, *Tabellenkalkulation*, *Datenbanken*, *Präsentationen*, *Informations- und Kommunikationsnetze*. Cornelsen / Scriptor verlegt zu jedem Modul ein Buch mit CD-ROM, die sich auf zweierlei Art nutzen lassen: als kursbegleitende Lektüre oder als Material zum Selbststudium. Auch unabhängig von jeder Prüfung genutzt, bieten die Bände sehr verständlich Wissen über die unterschiedlichen Bereiche an.

Die Bücher umfassen ca. 120 Seiten, prall gefüllt mit Informationen. Sowohl Buch als auch CD-ROM sind zu allen Modulen gleich aufgebaut, ebenso gleicht sich der Aufbau der einzelnen Kapitel oder Sub-Module. Auf einen eher humorigen, fiktiven Tagebucheintrag als Einstieg folgen Begriffe, deren Bedeutung nachfolgend geklärt wird. Das Layout ist übersichtlich, Schlüsselwörter sind am linken und rechten Rand gesondert ausgewiesen. Anfangs werden immer explizit die Lernziele für jedes Kapitel genannt; den Schluss bildet ein Kasten, in dem das Gelernte prägnant zusammengefasst wird.

Die Texte sind sehr verständlich und eingängig geschrieben, die Hinweise und Übungen praxisnah gestaltet. Screenshots veranschaulichen das Beschriebene. Zeichnungen lockern den Text auf. Der Druck ist durchgehend s/w. Ein Stichwortverzeichnis rundet das Angebot ab.

Gegenüber dem Buch zeichnet sich die Software durch Farbigkeit und vermehrte Screenshots aus, was die Anschaulichkeit noch weiter erhöht. Ansonsten werden die Textpassagen nahezu unverändert in Form einer Folienpräsentation dargeboten. Im Text genannte Webadressen sind nicht klickbar, so bleibt die Konzentration auf das Lernpensum erhalten. Die Reaktion auf Mausklicks erfolgt eher langsam.

Weitere Titel aus dieser Reihe: siehe Anhang

Fazit des Lehrers

Für Einsteiger ausgezeichnet, erfüllt alle Versprechen, sehr ordentlich gemacht.

Fazit des Schülers

Da waren noch eine Menge Sachen, die ich nicht wusste.

Alter von 12 bis 99
Schulstufe Sek. 1 und 2, lebenslanges Lernen
Anbieter Cornelsen
Genre Lern-Software, Nachschlagewerk (Buch und CD)
Preis 16,90 €
ISBN s. Anhang
PC Pentium; 32 MB RAM; SVGA-Grafikkarte (800 * 600) mit 256 Farben; Win 95, 98, 2000, NT

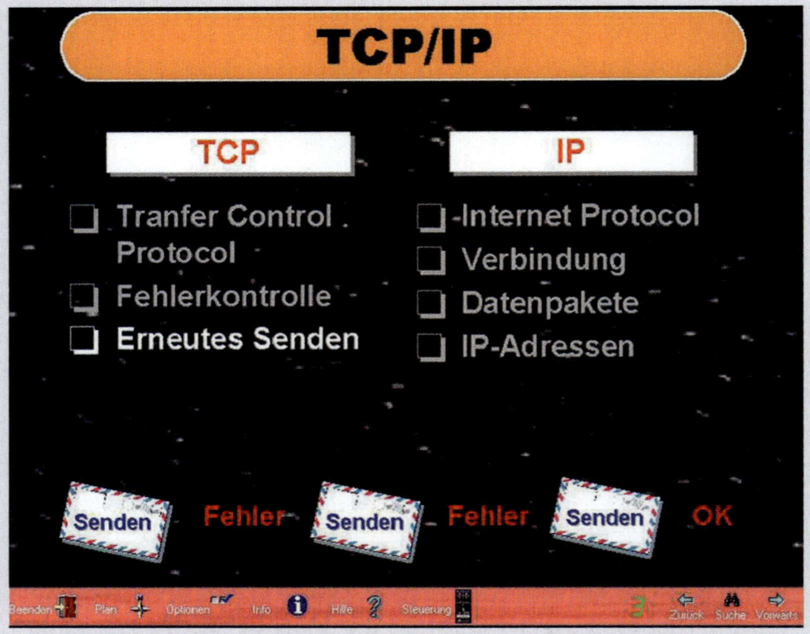

Multimedia Seminar Internet (Leichter Lernen)

Das Cover des Programms verspricht in hohen Tönen Programm-Highlights – die Desillusionierung folgt auf dem Fuß. Unerfahrenen Computer-Nutzern fällt es schon schwer, das Programm nach der Installation zu finden, da es sich im Startmenü hinter dem Eintrag «CTV» versteckt.

Zunächst erscheint ein kurzes Video mit Werbung in eigener Sache. Im Hauptmenü stellt sich dann der auf der Verpackung so lustig wirkende Theo emotionslos vor. Der Hilfe-Knopf birgt lediglich ein Bildschirmfoto des Menüs mit sehr knapper Legende. Die Sprachausgabe im bayerischen Dialekt strotzt vor Ungenauigkeiten (Foren wird zu «Foan», Silben werden verschluckt …). Durch Betonung jedes zweiten Wortes versucht der Sprecher, etwas Pep in seinen Vortrag zu bringen. Ergebnis ist ein gleich bleibend einschläfernder Audio-Mix, der erfreulicherweise abstellbar ist.

Der Lernbereich untergliedert sich in acht Kapitel, die – und das ist auch schon alles – jeweils ein Video im AVI-Format beinhalten. Das gesamte Wissens- und Lernangebot erstreckt sich also auf acht Filme, die in ihrer Länge zwischen zwei und 20 Minuten variieren. Die Lernvideos sind zudem von mäßiger bis minderwertiger Qualität und schneiden nicht nur im Vergleich mit den heutigen technischen und audio-visuellen Möglichkeiten äußerst schlecht ab, sondern bedeuten zugleich einen Rückschritt zum Frontalunterricht. Sie sind eine Mischung aus Präsentation à la Powerpoint und Screenshots, in die der Lernende interaktiv nur mit Klick auf die Stopp-Taste eingreifen kann. Von aktiver Mitarbeit oder Gestaltung keine Spur ...

Die Themenauswahl richtet sich an Einsteiger mit Basiskenntnissen, die mit eingeworfenen Begriffen wie *Backslash* oder *World Wide Web* aber überfordert sind. Keine Erklärung, was sich dahinter verbirgt. Ebenso fehlen Hintergrundinfos zur Geschichte oder Funktionsweise des Internets. Immerhin sind die gezeigten Inhalte korrekt und simulieren aufgrund der Darbietungsweise wahre Abläufe am Computer, besitzen also Praxisbezug.

Computererfahrene Nutzer können die dargestellten Vorgehensweisen parallel in einem zweiten Fenster mit dem entsprechenden Programm nachvollziehen. Nur: An die richtet sich das Programm nicht.

Weitere Titel aus dieser Reihe: siehe Anhang

Fazit des Lehrers

Das Programm hält nicht ansatzweise, was es auf dem Cover verspricht. Auch wird der Nutzer nicht in die Lage versetzt, «leichter zu lernen» (so der Titel ...). Die schlecht verständliche, im bayerischen Dialekt gehaltene Sprachausgabe und die minderwertige grafische Aufbereitung der Menüs runden den schwachen Gesamteindruck ab. Interaktivität reduziert sich auf die Kapitelauswahl. No, no.

Fazit des Schülers

Weg damit!

Alter von 14 bis 99
Schulstufe Sek. 1 und 2, lebenslanges Lernen
Anbieter KOCH Media
Genre Lernvideo
Preis 15,24 €
ISBN 3-85140-104-2
PC ab 486 DX/33 MHz; 8 MB RAM; SVGA-Grafikkarte (800 * 600) mit 256 Farben; Win 95, 98

Kapitel 8 | *Fachübergreifend*

Mini Curry

Rund 1,3 Millionen kleinere und größere Unfälle erleiden Kinder jährlich in deutschen Haushalten. Viele dieser Unfälle sind kein Zufall. So manche Gefahrenquelle hätte sich bei entsprechenden Sicherheitsvorkehrungen entschärfen lassen. Schon deshalb ist es eine hervorragende Idee, bereits kleinen Kindern und ihren Eltern eine CD-ROM zur Unfallverhütung an die Hand zu geben.

Ein ausdruckbarer Fragebogen (und so was gibt es schließlich) hätte sicher wertvolle Dienste leisten können, Gefahrenquellen aufzuzeigen und zu beseitigen. Leider nutzt das Programm diese wichtige Möglichkeit nicht. Stattdessen stolpert die Zeichentrickfigur Mini Curry als nicht sonderlich sympathische Identifikationsfigur durch das elterliche Haus und tappt praktisch in jede Falle, die sich die Macher der Scheibe ausgedacht haben.

Mini Curry will dem kleinen Bären Jimmy helfen, nach Hause zu gelangen. Dabei soll Mini Curry in Haus und Garten hilfreiche Gegenstände aufspüren und stößt immer wieder auf gefährliche Dinge und Situationen: Sie verbrüht sich an heißem Kaffee, trinkt giftiges Reinigungsmittel, hackt sich mit einer Axt in den Fuß, verätzt sich mit Toilettenreiniger, isst eine Mottenkugel. Es folgen auf jeden Zwischenfall brauchbare Tipps, wie sich der hätte vermeiden lassen. Diese Hinweise auf richtiges Verhalten sind kindgerecht, leicht verständlich und hinreichend ausführlich, kommen aber jedes Mal zu spät. Also *nachdem* Mini Curry etwas zugestoßen ist. Wo bleibt da die Prophylaxe?!

Jimmy seinerseits verjagt einen Wolf mit einer Wasserpistole, durchquert einen gefährlichen Sumpf mit Hilfe eines Rettungsringes und erklimmt mit einem Propeller eine steile Klippe. Was will uns das sagen?

Diese unrealistischen Hilfen irritierten selbst die testenden Zweitklässler, die andererseits eher zu Schadenfreude neigten, wenn Mini Curry mal wieder ein Malheur zugestoßen war. Als ungerecht empfanden sie, dass zur Strafe für einen Unfall, der sich gar nicht hätte vermeiden lassen, der Bär um eine Etappe auf seiner Heimreise zurückversetzt wurde; die Kinder konnten zu Recht keinen Zusammenhang zwischen den Ereignissen herstellen.

Noch etwas: Während der Installation verlangte das Programm eine Anpassung der Bildschirmeinstellungen und beendete sich daraufhin einfach. Auf Umwegen über den Explorer ließ sich zwar eine Startdatei aufrufen, benutzerfreundlich ist das aber nicht gerade.

Fazit des Lehrers

Die Lernenden haben keine Möglichkeit, durch Umsicht und Vorsicht Unfälle zu vermeiden, sondern können nur ihre Reihenfolge beeinflussen. Ist das Kind erst einmal in den Brunnen gefallen ... Aber gut, dass wir in «Richtiges Verhalten bei einem Erdbeben» eingeführt werden.

Fazit des Schülers

Ist schon lustig, was Mini Curry alles passieren kann. Warum stellt die sich bloß so doof an?

Alter von 4 bis 8
Schulstufe Vorschule, Grundschule
Anbieter A 1 Software
Genre Lernspiel-Software
Preis 25,54 €
ISBN 3-934832-65-2
PC Pentium 133 MHz; 8 MB RAM; 8 MB HDD; SVGA-Grafikkarte (800 * 600) mit 256 Farben; Win 95, 98, NT
 ja

Lernen macht Spaß – 1. Klasse und *Lernen macht Spaß* – 4. Klasse

Forscher Max und der Affe Grips begleiten Kinder der vierten Klasse durch den Dschungel, «Auf dem Bauernhof» brauchen Anna und das Huhn Bertha die Hilfe von Erstklässlern. In beiden Programmen sind an jeweils zehn Orten Aufgaben der Lernbereiche Mathe und Deutsch und Spiele versteckt. Auf der CD-ROM fürs erste Schuljahr befinden sich zusätzlich Themen zur Verkehrserziehung, auf der Viertklässler-Scheibe zu Englisch. Darüber hinaus gibt es auf beiden ansprechende Konzentrationsübungen.

Das Kind klickt einfach die Dinge an, die es sieht – und schon ist die dahinter verborgene Übung zugänglich. Die überall verteilten Übungen lassen sich aber auch leicht über ein übersichtliches Aufgabenbuch erreichen. Für den Lehrer besteht somit die Möglichkeit einer Vorauswahl. Schön.

Unterschiedliche Schwierigkeitsgrade sind einstellbar und veranschaulichende Hilfen aufrufbar. Auf Wunsch werden die Lösungen sofort überprüft. Allerdings gibt es keine differenzierten Lösungshilfen;

einzelne Lösungsschritte werden nicht aufgezeigt oder erläutert. Wenn das Kind mit einer Aufgabe gar nicht zurechtkommt, wird nach drei Fehlversuchen einfach die richtige Lösung eingeblendet. Verschiedene Fehlerqualitäten werden leider nicht unterschieden.

Im Aufgabenbuch lässt sich an einem Symbol ablesen, ob eine Übung in allen Schwierigkeitsgraden bearbeitet worden ist. Ist dies so, erhält das Kind eine Belohnung. Dabei handelt es sich um zehn hübsche, ausdruckbare Überraschungen wie Mandalas, Kreuzworträtsel, Malen nach Zahlen oder Suchbilder – durchweg Anlässe, den Computer auch mal sich selbst zu überlassen.

Wichtig ist für den Lehrenden, dass sich bereits bearbeitete Übungen samt Hilfen dennoch wieder aufrufen lassen und damit weiteren Kindern zur Verfügung stehen.

Ein Einsatz der Software in der Klasse wird auch durch mehrere Ergebnis-Speicherplätze unterstützt. Allerdings war es den Kindern zu umständlich, das Programm jedes Mal zu verlassen, um unter dem eigenen Namen weiterzuarbeiten. Hier wäre ein einfacherer Zugang wünschenswert. Ein weiteres Manko: Dem Aufgabenbuch können Erstklässler sicher noch nicht entnehmen, was sie erwartet. So bleibt, wenn kein Erwachsener hilft, zu sehr dem Zufall überlassen, bei welchen Aufgaben sie landen. Das kann schnell zu Überforderung führen.

Fazit des Lehrers

Schöne Grafiken, angemessen kurze Übungssequenzen, Differenzierungsmöglichkeiten, sehr abwechslungsreiche Aufgabenstellungen und ein überwiegend adäquater Lernstoff. Allerdings werden sie ihrem Namen nicht gerecht. *Üben* mit Spaß hätte es besser getroffen.

Fazit des Schülers

Kann ich damit öfter mal spielen?

Alter von 6 bis 11
Schulstufe Grundschule
Anbieter Terzio
Genre Lernspiel-Software, Übungsprogramm
Preis 26,00 €
ISBN s. Anhang
PC Pentium 200 MHz (4.: 133 MHz); 32 MB RAM; SVGA-Grafikkarte (800 * 600) mit 16-Bit (High Color); Win 95, 98, ME
ja

Die CD-ROM mit der Maus 2

Maus und Elefant des WDR besitzen nicht nur bei vielen Kindern Kultstatus. Die *CD-ROM mit der Maus 2* ist wie die erste Ausgabe mehr als nur eine gelungene Ergänzung zu der beliebten Sendung mit der Maus. Ähnlich auch das Konzept: ausgewogenes Edutainment, in der die Mischung aus Unterhaltung und Information stimmt. Die Spielatmosphäre entspricht ebenfalls der angenehmen Grundstimmung der Fernsehproduktion. Erfreulicherweise frisst die Scheibe jedoch nicht so viel Speicher wie die erste CD-ROM, läuft ruckelfrei und ist nun auch für Mac nutzbar.

Die Spielführung ist an den allermeisten Stellen gelungen. Nicht nur die stets präsente Menüleiste, sondern auch die mündlichen Erklärungen und Hilfen leiten das Kind sicher durch den Titel. Sicherheit und Wiedererkennung sind durch Armin Maiwalds vertraute Stimme gewährleistet. Schon deswegen spielten die jungen Tester die Scheibe gerne durch. Stimmig sind ebenfalls die grafische Gestaltung, die Animationen, der Sound und die Musik.

Die Kinder erfahren viele interessante Sachzusammenhänge und üben, spielen und amüsieren sich bei den Kurzszenen mit Maus und Elefant. Durch die thematischen Schwerpunkte Geburtstag (aus gegebenem Anlass – 2001 wurde die Maus 30) und Musik bekommt die Sammlung von Spielen und Übungen und anderem eine wohltuende Struktur.

Startet das Kind das Programm und gibt seinen Namen und sein Geburtsdatum (eventuell mit elterlicher Hilfe) ein, so erfährt es, wie viele Tage es noch bis zu seinem eigenen Geburtstag warten muss. Auf dem Bildschirm erscheint dann für jeden Tag bis zum ersehnten Fest ein kleiner Elefant. Für jüngere Kinder ist die visuelle Vermittlung natürlich beeindruckender als eine schnöde Zahl, und die persönliche Ansprache entfaltet ohne jeden Zweifel ebenfalls ihre Wirkung. Eine tolle Idee, die bei den testenden Kindern sehr gut angekommen ist. Ein wenig unklar ist die Spielführung nach dieser Episode, denn der Spieler bekommt keinen eindeutigen Hinweis, wie es nun weitergehen soll. Hat er die kleine Maus in der linken oberen Ecke entdeckt und angeklickt, gelangt er zum Mainscreen, dem Geburtstagstisch für die Maus. Von dort aus sind die einzelnen Bereiche der CD-ROM zu erreichen.

Ein Klick auf eine Vase führt zur Geburtstagskiste, in der das Kind viele Gestaltungs- und Spieltipps erhält: Rezepte für Amerikaner oder andere Süßwaren, Anleitungen zum Herstellen von Blumen, Laternen, Gästebüchern, Partyhüten sowie Beschreibungen von traditionellen Kinderspielen wie dem Schokoladenriechen aus der Schweiz oder dem südamerikanischen Bohnensackspringen.

Über einen Notenblattständer wird die Musik-Maschine aktiviert. Neben den üblichen Mal- und Zeichentools wie Stifte, Pinsel und Stempel stehen Musikinstrumente zur Auswahl. Jede Mausbewegung wird in Klänge des gewählten Musikinstruments umgesetzt: Am oberen Bildrand als heller, am unteren als dunkler Ton, langsam gezogen leise, schnell gezogen lauter. Leider klingen die Instrumente synthetisch und daher unecht. Die Kombination von Malen und Musikmachen wirkt zunächst recht originell und reizt die Kinder zum Experimentieren. Die Nerven der Erwachsenen sind aber ähnlich schnell gereizt … Malen und Musikmachen zusammen ergeben partout kein ästhetisches Vergnügen.

Ein kleiner Vorhang führt zu einem Adventure. Hier erleben nicht Maus oder Elefant ein Abenteuer, sondern Max, die bekannte Leitfigur einiger Tivola-Spiele. Max hat getreu dem Themenspektrum der Scheibe Geburtstag und lädt dazu ein. Mausmacher und die Tivola-Crew scheint eine ähnliche Philosophie zu verbinden,

denn Max, Maus und Elefant harmonieren vorzüglich.

Die einzige Sachgeschichte – es könnten und sollten viel mehr sein – startet durch Klick auf den Fernseher. Alles dreht sich dabei um einen selbst gebauten Dudelsack. Anschließend können sich die Kinder im Erkennen von Musikinstrumenten üben.

Neben den frei ansteuerbaren Bereichen des Programms gibt es noch eine Vielzahl weiterer Quizfragen, Spiele oder Zeichentrickszenen mit Maus und Elefant, die zwischendurch als Überraschungen auftauchen.

Die Spiele können in der Spielekiste auf dem Geburtstagstisch gesammelt und immer wieder neu bearbeitet werden. Das knifflige «Ich sehe was, was du nicht siehst ...», Instrumenten-Memory und ein Wattepusten fördern die Beobachtungsgabe und die Reaktionsschnelligkeit, das Jonglieren die Geschicklichkeit, «Welches Instrument ist das?» erweitert das Sachwissen. Da nicht alle Spiele, Filme und Übungen einer festen Struktur folgen, sondern vieles während des Spielens überraschend und unvermittelt auftaucht, wirkt der Titel dynamisch und spannend.

Weitere Titel aus dieser Reihe: siehe Anhang

Fazit des Lehrers

Dies ist keine CD-ROM, die sich am Lehrplan orientiert oder Schulstoff abarbeitet, und doch (oder gerade deswegen?) zeigt sie sich unterhaltend und lehrreich. Der Einsatz «zwischendurch» und ganz besonders daheim bereitet den Kindern großes Vergnügen.

Fazit des Schülers

Die vielen lustigen Spiele machen wirklich Spaß. Die Sachgeschichte ist nicht nur zum Ansehen. Dort werde ich immer wieder nach meiner Meinung gefragt. Und ich irre mich fast nie.

Alter von 6 bis 10
Schulstufe Grundschule
Anbieter Tivola
Genre Lernspiel-Software
Preis 24,95 €
ISBN 3-934789-06-4
PC Pentium 200 MHz; 64 MB RAM; SVGA-Grafikkarte (800 * 600) mit 16-Bit (High Color); Win 95, 98, 2000, NT, ME
ja

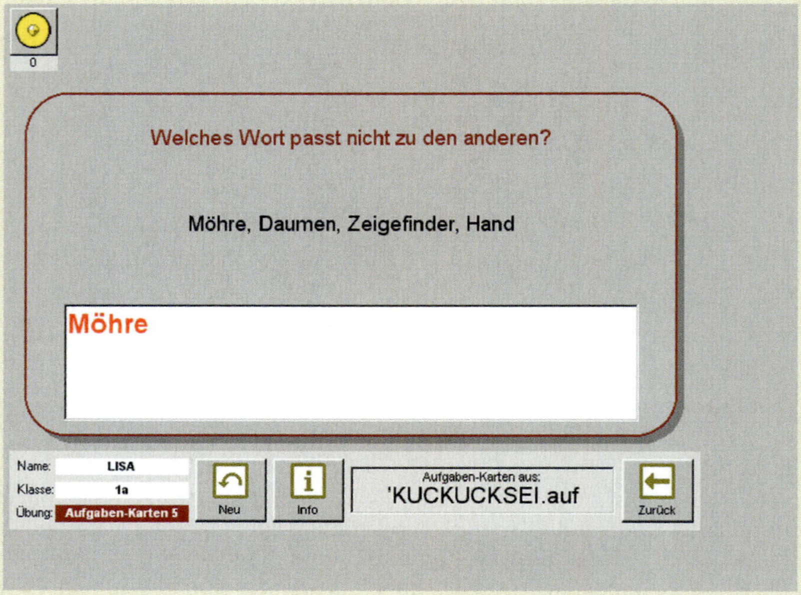

Lernwerkstatt Grundschule 4.1

Dieses Lernpaket der Medienwerkstatt Mühlacker ist für die Grundschule konzipiert, es eignet sich aber zum Wiederholen und Festigen von Gelerntem sicher auch für die Klassen 5 und 6.

Inhaltlich lassen sich die einzelnen Übungen den Bereichen Mathematik, Sprache sowie Logik und Wahrnehmungsschulung zuordnen. Für jeden dieser Bereiche stehen eine Vielzahl von wohl gestaffelten Übungen zur Auswahl, die in ihrer Auslegung sehr an eingeführte und bekannte unterrichtliche Verfahren erinnern, durch die Automatisierung, die (vorsichtige) akustische Unterstützung und ein Belohnungssystem aber deutlich besser motivieren. Nirgends wirkt die «Computerisierung» dabei aufgesetzt, stets funktional. Die Kinder vertiefen so ihr Wissen mittels sinnvoller Aufgaben, ohne dass der Spaß zu kurz kommt.

Der Hit des Programms aber sind die Möglichkeiten zur individuellen Anpassung der Aufgaben an Bedürfnisse des Lernenden: In vielen Fällen kann er zwischen (bis zu vier) verschiedenen Schwierigkeitsstufen wählen und erhält auch entsprechend differenziert Rückmeldung. Vor allem jedoch ist es den Lehrkräften möglich, in einem Editor bis zu 20 Nutzern oder Nutzergruppen jeweils eine eigene Benutzeroberfläche zu bereiten: Übungen können ausgewählt oder gesperrt und weitere Materialien per Editoreintrag von außen hinzugefügt werden.

Beeindruckend ist auch der Bereich «Aufgaben-Karten». Frage-/Antwort-Kärtchen lassen sich ganz individuell erstellen und so für das Üben von Rechenaufgaben ebenso wie als Frage-Kärtchen im Sachunterricht nutzen. Der Differenzierung sind hier kaum Grenzen gesetzt; so etwas ist ohne Software nicht zu schaffen.

Die Ergebnisse der Schüler sind einfach zu verwalten. Von Kindern verfasste Geschichten oder vorgegebene Übungstexte lassen sich ohne Probleme in eine andere Textverarbeitung exportieren und dort verschönern. Auch eine Druckfunktion fehlt nicht.

Also eine Scheibe, die das Unterrichten gleichzeitig verbessern und erleichtern hilft: ein Glücksfall. Der Preis ist zudem für den Leistungsumfang der Software sehr günstig.

Die Oberfläche wirkt logisch, die Handhabung ist einfach und erschließt sich meist intuitiv. Im Zweifel können die Nutzer sich zu jeder Übung auch eine kurze Anleitung anzeigen lassen, die aber für kleinere Schüler nicht immer so leicht verständlich ist. Aber solche Kleinigkeiten überhaupt anzuführen, wirkt schon wie Beckmesserei.

Fazit des Lehrers

Eine wirklich empfehlenswerte Software für den schulischen Alltagsgebrauch.

Fazit des Schülers

Endlich bekomme ich die Aufgaben, mit denen ich etwas anfangen kann.

Alter von 6 bis 11
Schulstufe Grundschule
Anbieter Mühlacker
Genre Übungsprogramm, Lern-Software
Preis 39,00 €
ISBN Bestellmöglichkeit auf der Webseite
PC Pentium 90 MHz; 16 MB RAM; 30 MB HDD; VGA-Grafikkarte (640 * 480) mit 256 Farben; Win 95 oder höher, NT

Lego & Steven Spielberg MovieMaker Set

Natürlich: Der Nutzer braucht einen recht aktuellen, ordentlich ausgestatteten Rechner unter Win 98. Dann aber geht alles wie von selbst oder wenigstens ohne die sonst bekannten und nervenden Fehlermeldungen: Filmkamera und Bearbeitungssoftware sind in wenigen Minuten installiert – und schon kann es losgehen.

Das heißt: Ohne weitere Vorarbeiten lassen sich jetzt Filme aufnehmen (Trickfilme aus Einzelbildern oder ganze Bildsequenzen), bearbeiten und abspielen. Der Bearbeitungsbereich bietet dabei Tools für den Schnitt (Übergänge zwischen den aufgenommenen Sequenzen), für die Tonbearbeitung (die Sound-Bibliothek hält einige Beispiele vor, eigene Sound-Dateien oder Musik lassen sich aber ebenfalls nutzen) und für das Unterlegen der Bilder mit Text (Vor- und Abspann, Untertitel). Noch einmal: Das alles erschließt sich beim Ausprobieren; höchstens werden einige Beispielfilme zur Anregung benötigt. Im Zweifel stehen aber auch Hilfe-Dateien, ein Lernprogramm oder das «Regiehandbuch» als brauchbare Unterstützung bereit. Und schnell fühlen sich die Nutzer wie Profis, deren Tipps aus den Hintergrundinformationen gern angenommen werden.

Das Set bietet ungeahnte Möglichkeiten für den Einsatz im Deutsch- oder Kunstunterricht – für Lehrende, die sich trauen, gewohnte Bahnen zu verlassen und Kreativität in den Vordergrund stellen. Die szeneweise Umsetzung eines klassischen Dramas beispielsweise kann ganz neue Einsichten der Schüler in dieses bewirken. Auch im privaten Bereich ist Begeisterung bei den Kids garantiert.

Liebe zum Detail (das Kabel für die Filmkamera ist wirklich lang genug) und technische Qualität (etwa die Auflösung und Einstellmöglichkeiten der Kamera) zeichnen das Set aus. Selbst die kleine Lego-Studiowelt wird so von Kindern akzeptiert, die sich diesem Spielzeug eigentlich entwachsen fühlen. Etwas verstören mögen seit dem 11. September höchstens die Zwillingstürme, die hier von einem Dinosaurier oder bei einem Erdbeben zerstört werden.

Zu kritisieren sind lediglich Kleinigkeiten: dass sich Töne nicht mischen lassen oder nicht übereinander zu legen sind; dass für die Kamera eine Halterung wie ein Kran oder ein Wagen fehlt und dass das Ganze (insbesondere wenn wir mal die Anforderungen an den benutzten Computer mitrechnen) doch sehr teuer ist. Immerhin wird überall betont, dass Spielbergs Erlöse in seine Stiftungen wandern.

Fazit des Lehrers

Ein tolles Set: Schon nach wenigen Minuten (ehrlich!) können die Kinder (und Erwachsenen) als Filmregisseure tätig werden.

Fazit des Schülers

So lässig kann Filmedrehen sein.

Alter ab 8
Schulstufe Sek. 1 und 2, lebenslanges Lernen
Anbieter Lego
Genre Sonstiges
Preis 209,99 €
ISBN 5-702012-012
PC Pentium 233 MHz; 32 MB RAM; 200 MB HDD; SVGA-Grafikkarte (800 * 600) mit 16-Bit (High Color); Win 98

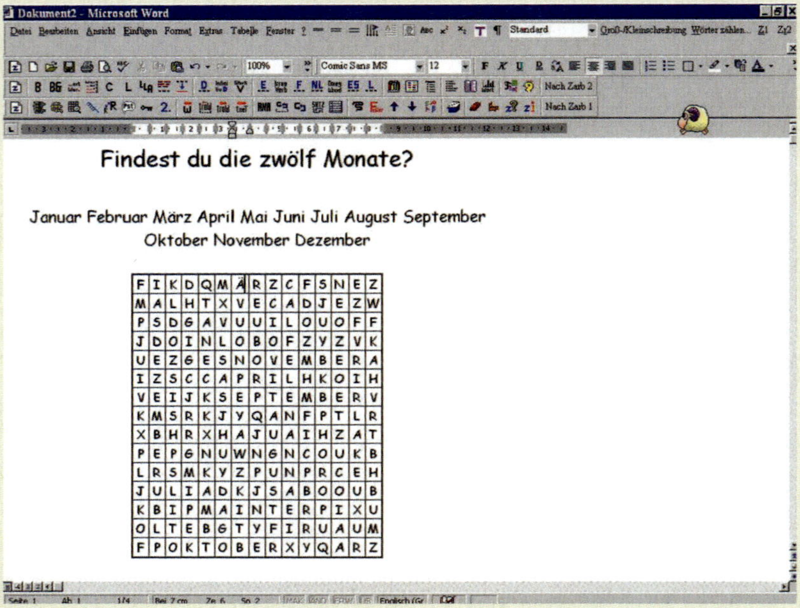

Zarb 3.0

Diese Software ist eine sehr hilfreiche und nützliche Erweiterung der Textverarbeitung Word. Etwa 40 Funktionen helfen bei der Unterrichtsvorbereitung, indem sie die Erstellung von Arbeitsblättern im Bereich Sprache vereinfachen und um viele Möglichkeiten bereichern.

Bei der Installation werden die einzelnen Features in die Bedienleiste von Word integriert und stehen dort dem Nutzer jederzeit zur Verfügung. Klickt er eines der Icons an, greift er auf die entsprechende Funktion zu und kann eigene Texte oder Lernwörter bearbeiten.

Es gibt fünf verschiedene Funktionsgruppen, mit denen sich die vielfältigsten Übungen generieren lassen. Die *Rätselfunktionen* erstellen beispielsweise Wortsuchrätsel, Kammrätsel und Kryptogramme. Die *Umstellungsfunktionen* verändern normal in Word geschriebene Wörter auf abwechslungsreiche Weise: Sie drehen die Wörter um oder lassen Lücken in ihnen, die die Kinder ausfüllen sollen. Wörter mit und ohne Lücke werden ebenso wie ganze Sätze geschüttelt. Mittels *Allgemeiner Lückenfunktionen* lässt sich etwa der Wortaufbau schwieriger Wörter demonstrieren, in dem die Kinder schrittweise fehlende Buchstaben anfügen (d, da, dan, dann). Aus markierten Textbereichen generieren sich ferner Lückentexte oder Texte mit Schüttelwörtern. Eine umfangreiche Fremdsprachenfunktionalität (*Sprachenspezifische Funktionen*) verspricht der Programmautor für Türkisch, Russisch und Polnisch. Ebenso liegen verschiedene Features für Englisch, Latein und Niederländisch vor. *Weitere Funktionen* machen «Spaßformate» möglich, die das Schriftbild eines Textes nach Position, Größe, Format, Farbe verändern. So erstellen die Nutzer Texte in Schlangenlinien oder fertigen darüber hinaus komfortabel Karteikarten oder Wortlisten. Auch werden zügig Tests und andere Abfragen in Multiple-Choice-Form vorbereitet.

Die Möglichkeiten sind beinahe grenzenlos. Mit wenigen Mausklicks erstellt der Lehrende attraktive Arbeitsblätter oder anspruchsvolle Tests, die sich mit den üblichen Wordfunktionen optisch noch weiter aufpeppen lassen. Auch den Kindern selbst bereitet es sehr viel Freude, sich Rätsel- und Übungsblätter für den Wochenplan- oder Freiarbeitfundus auszudenken. Allerdings ist dies zunächst nicht ohne Anleitung durch den Lehrenden möglich.

Die Seite www.zarb.de ergänzt das Handbuch durch Tricks und Tipps.

Leider erhöhten sich die Preise für *Zarb* deutlich, seit aus der Nebenbeschäftigung des «Einzelkämpfers» und Programmierers Hans Zybura eine kleine Firma erwachsen ist.

Fazit des Lehrers

Eine echte Erleichterung für alle Lehrenden, denen die Arbeit mit Sprachbuchseiten nicht genügt.

Fazit des Schülers

Arbeitsblätter sind nie Klasse, die hier aber wenigstens interessant.

Alter ab 8
Schulstufe Lehrer und Kinder
Anbieter Zybura Software
Genre Lehrerprogramm
Preis 59,00 €
ISBN Bestellmöglichkeit auf der Webseite
PC ab Win 3.1 und Word für Windows 6.0 bis XP
ja

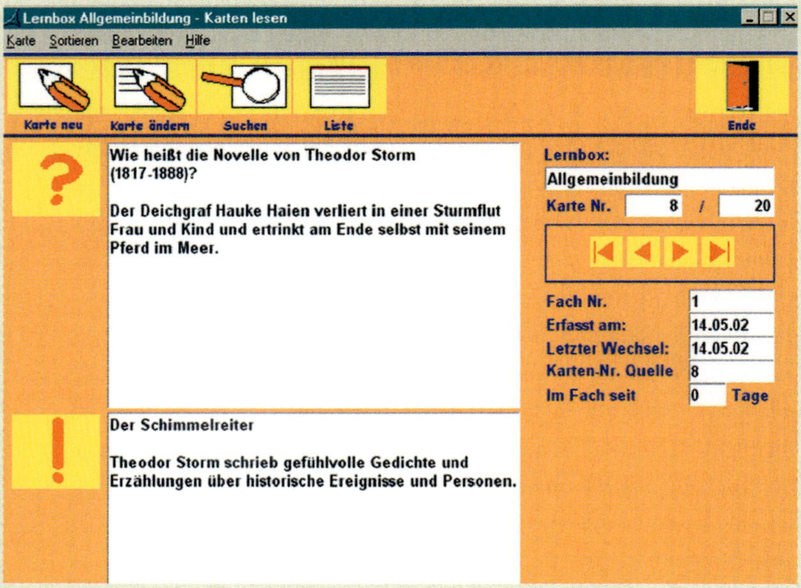

Die PC-Lernbox

Die 5-Fächer-Lernbox aus Pappe wird vom AOL-Verlag seit Jahren erfolgreich vertrieben. Neu ist die digitale Variante zu vielen Themen.

Das Prinzip der Lernbox lautet, dass ein gewisses Repertoire an Fragen in wachsendem zeitlichem Abstand mindestens fünfmal richtig beantwortet werden muss, bevor die Karteikarte schließlich ins «Jenseits» wandert. Dann sei davon auszugehen, so sagen Lernpsychologen, dass die Antwort dauerhaft im Langzeitgedächtnis verankert bleibt. Lernen ist mit diesem System extrem effektiv – aber nicht alle Lernenden mögen so arbeiten; Lerntypen sind eben unterschiedlich.

Die digitale Variante bleibt schlicht wie die Pappkästen des Originals. «Lernen pur», formuliert der Verlagstext, «keine Animation, die vom Lernen ablenkt.» Das ist eine euphemistische Darstellung; die Oberfläche könnte auch glattweg langweilig genannt werden.

Immerhin hat der Nutzer die Möglichkeit, eigene Karteikarten dem Bestand von 384 Frage- und Antwort-Karten hinzuzufügen, vorhandene Karten zu verändern, einzelne Karten nach verschiedenen Kriterien zu suchen oder sich alle Karten in Kurzfassung auflisten zu lassen.

Der eigentliche Lernvorgang läuft folgendermaßen ab: Alle Karten werden zunächst nacheinander oder in Auswahl gelesen und nach Möglichkeit auswendig gelernt. Im sich anschließenden Lernmodus ist nur die Frageseite der Karteikarte zu sehen. Die Antwort wird in ein freies Feld eingetragen oder lediglich im Kopf formuliert. Die richtige Antwort wird anschließend angezeigt und mit der eigenen Version verglichen. Ist die eigene Antwort korrekt, klickt der Schüler auf einen nach oben zeigenden Daumen – sonst auf die Variante nach unten. Nach jedem Lernabschnitt kann der Stand der Dinge (also die Zahl der Kärtchen in den einzelnen Fächern) in einer Statistik angezeigt werden.

So einfach geht das. «Kein Schnickschnack und Firlefanz» (Verlagstext). Nicht einmal die Bewertung der Fragen ist automatisiert. Das erfordert eine hohe Selbstdisziplin, die (kleine und große) Schüler oft gar nicht oder zumindest nicht lange mitbringen. Mag sein, dass sie mit diesem System gelernt wird – zu wünschen wäre es.

Der PC verleitet zudem dazu, allzu schnell den Daumen zu heben. Auch fehlt jedes haptische Erleben der Papp-Variante – das wortwörtliche «Begreifen» fällt aus.

Weitere Titel aus dieser Reihe: siehe Anhang

Fazit des Lehrers

Durch das 5-Fächer-Prinzip wird besonders beim Vokabellernen ein gutes Ergebnis erzielt. «Man lernt fürs Leben» – wenn auch nicht sehr abwechslungsreich oder motivierend. Wer schon konzentriert arbeiten kann, wird mit diesem System etwas anfangen können; andere werden es wegen seiner Stupidität verwerfen.

Fazit des Schülers

Zum sturen Pauken geeignet, und irgendwie muss ich mir den Stoff einprägen.

Alter von 12 bis 99
Schulstufe Sek. 1 und 2, lebenslanges Lernen
Anbieter AOL-Verlag
Genre Übungsprogramm
Preis 20,40 €
ISBN s. Anhang
PC ab 486; 16 MB RAM; 15 MB HDD; VGA-Grafikkarte (640 * 480) mit 256 Farben; Win 95, 98, 2000

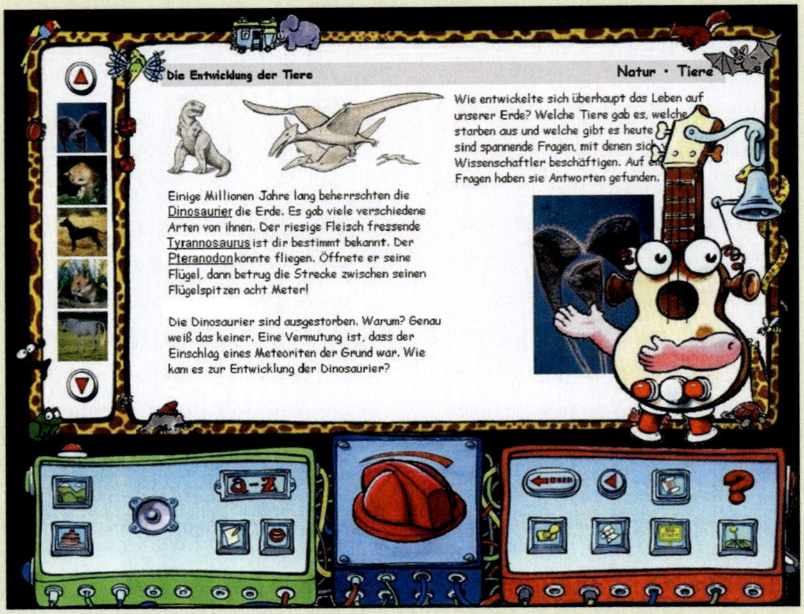

Löwenzahn Kinder Lexikon

Endlich ist nach den hervorragenden CD-ROMs der Löwenzahn-Reihe ein Löwenzahn-Lexikon zu einem akzeptablen Preis auf dem Markt.

Es enthält Informationen, die Peter Lustig in der beliebten Löwenzahn-Sendung des ZDF schon einmal erläutert hat. Sie sind thematisch geordnet und auf verschiedenen Wegen zugänglich: über die beiden Themenkreise Technik und Natur, eine thematische Liste, hinweisende Bilder am Bildschirmrand, eine alphabetische Liste oder ein Suchtool in der Steuerzentrale und immer wieder auch über Hyperlinks (Hotspots) in den Texten, Grafiken oder Animationen. Das alles bleibt trotz der vielen verschiedenen möglichen Lernwege ausgesprochen übersichtlich – und bietet dennoch manche Überraschung. Es können entweder spezielle Suchbegriffe eingegeben oder aber alle Tierinfos etwa auf einmal angesehen werden. Die Anordnung der Informationen, ihre Anschaulichkeit und die liebevoll gestalteten Grafiken laden zum Stöbern ein, mit dem der Lernende so bald auch nicht aufhören möchte. Lernen bleibt also spielerisch assoziativ, führt aber immer wieder zu fundierten Texten mit Hintergrundinformationen, die allerdings für die angegebene Altersgruppe (ab 6 Jahren) häufig recht kompliziert wirken. Da ist es besonders ärgerlich, dass sie nur komplett auszudrucken sind. Allerdings ermöglicht die sehr komfortable Exportfunktion über einen Kopier-Button eine Weiterverarbeitung, etwa in Word. Auch ist die Artikelauswahl manchmal fragwürdig: *Deutsche Telekom* ja, *Deutschland* aber nicht.

Gekonnt sind die verschiedenen Medien eingebunden: Bilder, Animationen und Videos unterhalten nicht nur, sondern tragen wesentlich dazu bei, auch kompliziertere Zusammenhänge zu verstehen. Die Texte werden auf Wunsch auch vorgelesen.

Außerdem ist eine Reihe erfreulicher Zusatzfunktionen zu vermerken. Da gibt es zum Beispiel ein Quiz, mit dem das Kind eigenes Wissen überprüfen und von dem aus es bei Wissenslücken auch direkt wieder zu den entsprechenden Lexikoneinträgen zurückkehren kann. Oder das Notizbuch, in dem zu Themen oder Begriffen eigene Anmerkungen abgelegt werden können. Hervorzuheben ist aber vor allem, dass sich das Programm auch individuell auf den Nutzer einstellen lässt, um ihm (orientiert an Lieblingsthemen und Alter) Vorschläge für eigene Recherchen zu offerieren.

Die testenden Kinder reagierten überaus positiv und konnten kaum ein Ende beim Stöbern finden.

Weitere Titel aus dieser Reihe: siehe Anhang

Fazit des Lehrers

Mit diesem Programm können wissbegierige Kinder im Grundschulalter viele Antworten auf ihre Fragen finden. Ein tolles Geschenk, anschaulich, anregend und liebevoll gemacht!

Fazit des Schülers

Endlich mal ein Lexikon, mit dem ich was anfangen kann.

Alter ab 6
Schulstufe Grundschule
Anbieter Terzio
Genre Nachschlagewerk
Preis 26,00 €
ISBN 3-932992-95-4
PC Pentium 133 MHz; 16 MB RAM; 60 MB HDD; SVGA-Grafikkarte (800 * 600) mit 16-Bit (High Color); Win 95, 98
ja

Encarta Professional 2002

Die Software ist eine Kombination aus Encarta Enzyklopädie Plus, Encarta Weltatlas, InfoChecker und Internetergänzungen unter www.encarta.msn.de. Die vorliegende Professional-Ausgabe entspricht weitestgehend der mit rund 46 000 Artikeln, 19 000 Multimedia-Elementen und 6000 Internetadressen ausgestatteten Encarta Plus 2002, enthält aber gut 24 000 Multimedia-Elemente und zusätzlich den Encarta Weltatlas mit fast zwei Millionen Karteneinträgen.

Auf der DVD wurden vier CD-ROMs zusammengeführt, sodass der ständige Wechsel der Scheiben wegfällt. Wohl dem, der ein DVD-Laufwerk besitzt.

Aktuell bleibt die Encarta durch die regelmäßigen Internet-Updates, die kostenlos heruntergeladen werden können. Neu ist, dass diese Artikel auch in der Suchfunktion erscheinen.

Das Wissensportal zum Internet liefert Essays, Features oder Themen der Woche. Auch stehen zur Recherche weitere Web-Links zur Verfügung, die ein deutsches Redaktionsteam sorgfältig ausgewählt hat.

Der InfoChecker bietet nicht nur

schnellen Zugriff auf lexikalische (Kurz-)Informationen sowie auf das Webverzeichnis der MSN-Suche, sondern umfasst mehrere Nachschlagetools. Neben Internetradio und Wetterberichten werden sieben virtuelle 3-D-Reisen angeboten.

Die Multimedia-Features sind beeindruckend, die Texte aber doch teilweise etwas kurz gehalten und für ein wissenschaftliches Arbeiten oftmals weniger brauchbar. Die Qualität der Vorlesefunktion enttäuscht, da häufig falsch betont und ausgesprochen wird.

Für die Ausgabe 2002 sind die Artikel und Videos der 99er Version nicht überarbeitet, sondern nur zahlenmäßig ergänzt worden.

Der Encarta Weltatlas ist benutzerfreundlich in die Enzyklopädie integriert worden. Auch ist die überarbeitete Programmoberfläche intuitiver als bei den bisherigen Ausgaben.

Mit dem Encarta-Recherche-Assistenten können Texte und Abbildungen aus der Encarta und dem Web leicht gesammelt und verwaltet werden; Berichte, Referate und Projekte lassen sich so schnell zusammenstellen. Die CD-ROM ist im schulischen Umfeld jedoch nur mit Einschränkungen zu verwenden: Für die Grundschule sind die Texte zu diffizil, für den Sekundarbereich jedoch bestens als Recherche-Ausgangspunkt geeignet.

Fazit des Lehrers

Dem *Brockhaus Multimedial 2002* Premium, der mit seiner Web-Verbindung zu *dem* Lexikon wird, ist die *Microsoft Encarta Professional 2002* aufgrund ihres leistungsfähigen Weltatlasses mindestens ebenbürtig.

Fazit des Schülers

Die Multimedia-Teile interessieren mich zuerst, bevor ich mal einen Begriff suche.

Alter von 12 bis 99
Schulstufe Sek. 1 und 2, lebenslanges Lernen
Anbieter microsoft
Genre Nachschlagewerk
Preis 127,31 €
ISBN im Fachhandel
PC Pentium 200 MHz; 32 MB RAM; 170 MB HDD; SVGA-Grafikkarte (800 * 600) mit 16-Bit (High Color); Win 98, 2000, ME, XP

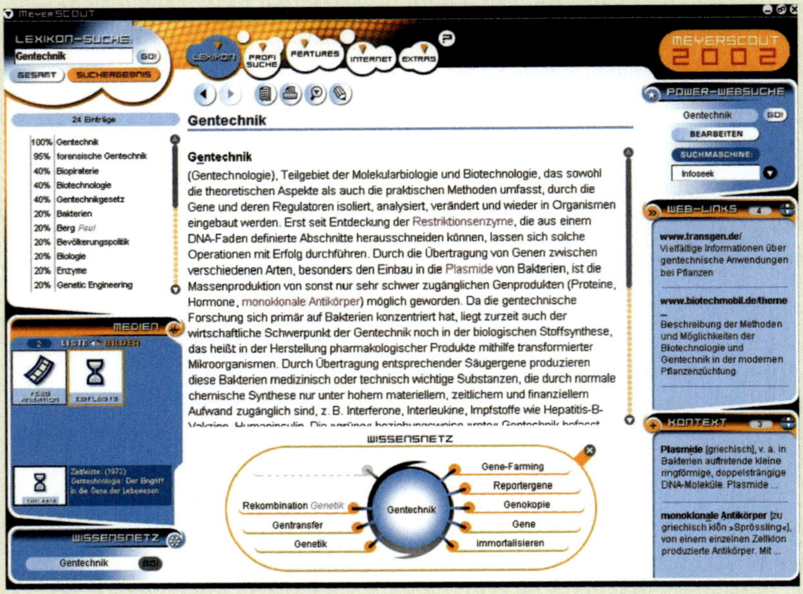

Meyerscout 2002

Zwar ist auf der sonst ansprechenden Verpackung keine Altersangabe zu entdecken, aber es handelt sich beim *Meyerscout 2002* um ein Nachschlagewerk, das sich für Schüler der Sekundarstufe 1 und 2 eignet. Zu Hause kann das Lexikon wegen seiner Informationsfülle durchaus auch von den Eltern genutzt werden.

Das Programm erscheint vom Umfang des Informationsgehaltes sehr umfassend und ist klar nach wesentlichen Aspekten und zusätzlichen Informationen strukturiert. Der Nutzer findet sich aufgrund der übersichtlichen Navigationsbuttons gut und ohne lange Einarbeitungszeit zurecht. Schlagwörter und Themenbereiche können in die verschiedenen Suchmaschinen eingegeben werden. Die sinnvolle Erschließung eines Sachbereiches wird durch Hyperlinks innerhalb der Artikel unterstützt. Ferner besteht die Möglichkeit, innerhalb eines Artikels umfassend zu recherchieren. Falls die Informationen des digitalen Lexikons nicht ausreichen sollten, können die eingebettete «Power-Websuche» und Weblinks bemüht werden. Dies sichert zugleich die Aktualität der Artikel.

Ergänzend zu den schriftlichen Informationen sind zusätzlich Bilder, Videos, Klangbeispiele und Animationen abzurufen; ebenso kann ein Atlas, der der Groborientierung dient, aufgeschlagen werden. Speziell bei der Ländersuche kommt dies zum Tragen. Auch gibt es, wie aus anderen digitalen Lexika bekannt, eine Zeitleiste.

Durch die Präsentation von Wissen in unterschiedlichen Formen werden verschiedene Lernkanäle angesprochen. Leider ist allzu häufig ein nerviger CD-Wechsel notwendig, der besonders bei den Multimedia-Elementen unerlässlich ist. Die Anschaffung der gleich teuren und inhaltlich identischen DVD ist daher zu empfehlen.

Das «Wissensnetz» ermöglicht Zugang zu sachverwandten oder zu untergeordneten Themen. Weiter lässt sich am rechten Bildschirmrand das Feld «Kontext» öffnen. Hier findet der Nutzer sein Schlagwort / Thema in einen zusammenhängenden Text eingeordnet und kann diesen als Ausgangspunkt für weitere Recherchen nutzen. Mit dem «Gewusst-Feld» prüft sich der Schüler selbst, ob er bestimmte Fakten gewusst hätte, ohne dass stressige Testsituationen entstehen.

Texte und Grafiken können erfreulicherweise kopiert und ausgedruckt werden.

Leichte und schnelle Installation ist bei diesem Programm gewährleistet, allerdings besteht größerer Aufwand bei der Deinstallation.

Fazit des Lehrers

Eine sinnvolle Anschaffung für Schule und daheim mit gutem Preis-Leistungs-Verhältnis. Ein Blick zur (teureren) Konkurrenz ist dennoch zu überlegen, obwohl in jedem Alter noch vom Programm zu lernen ist.

Fazit des Schülers

Gut gemachte Lexika auf CD-ROM sind immer Klasse.

Alter von 12 bis 99
Schulstufe Sek. 1 und 2, lebenslanges Lernen
Anbieter Bibliographisches Institut
Genre Nachschlagewerk
Preis 25,54 €
ISBN s. Anhang
PC Pentium 133 MHz; 125 MB HDD; Grafikkarte mit 16-Bit (High Color); Win 95, 98, 2000, ME, NT

Anhang

Helmut Meschenmoser

«Lasst uns selbst entscheiden, womit wir am besten lernen!»

Neulich in der Grundschule: «Bei uns in der Schule gibt es in allen Klassenzimmern Medienecken mit Computern. Es ist aber ganz unterschiedlich, wie mit den Computern gearbeitet wird. Da hat jede Lehrerin eigene Ideen. In unserem Klassenzimmer können wir zu zweit oder in kleinen Gruppen an den zwei Computern schreiben, malen, Informationen beschaffen, üben und spielen. Fast alle Kinder wollen gerne dort arbeiten, sodass wir immer wieder gemeinsam mit unserer Lehrerin, Frau Engel, im Stuhlkreis Ideen beraten, wie es ohne Streit zugehen kann. In der Nachbarklasse ist das anders. Dort wird der Computer oft nicht genutzt oder nur in den Pausen zum Spielen. Die Programme und Aufgabenstellungen sind langweilig, sodass die Kinder lieber zu Hause am Computer was machen!», sagten die Kinder.

Immer mehr Kinder arbeiten zu Hause am Computer, und ein Drittel der Grundschulkinder nutzt bereits das Internet. Für sie ist er alltäglich geworden, selbstverständlicher als für viele Lehrerinnen und Lehrer. Zu Hause entscheiden sie selbst, welche Software sie nutzen und was sie damit machen. Ihr Know-how und ihre private Software kann ihnen in der Schule nützlich sein. Allerdings nur dann, wenn der Unterricht dies zulässt. Es müssen also Lernsituationen geschaffen werden, die für neue, motivierende – auch spontane und unvorhersehbare – Impulse der Mädchen und Jungen offen sind.

Ohne Zweifel: Zwischen dem Unterrichtskonzept und dem Computereinsatz besteht ein enger Zusammenhang. Es gibt viele «Drillprogramme», die zur Stillarbeit passen. Ein Kind arbeitet alleine eine programmierte Übungssequenz ab. Das Programm bestimmt, wer wann was bearbeitet, und es protokolliert «gnadenlos» jeden «Fehltritt» – und wenn ein Lehrer oder Elternteil das will, über Wochen hinweg, sodass jederzeit ein präziser «Lernerfolgsbericht» abrufbar ist. Aber was geschieht mit Kindern, die die Aufgabenstellungen bereits beherrschen? Die es langweilt, etwas zu üben, was sie schon können? Und Kinder, die Probleme haben? Kinder, die die Aufgabenstellung nicht verstehen oder deren Überlegungen immer wieder zu fehlerhaften Ergebnissen führen? Auch für sie wird das automatisierte Üben keine neuen Einsichten fördern, und die häufigen Fehlermeldungen schrecken schließlich eher ab. Mitunter vorgesehene Kopfhörer isolieren diese Kinder, und es besteht die Gefahr, dass sie mit Lernprogrammen, die bei Fehlern keine Hilfen bieten, allein gelassen werden.

So verfliegt die anfängliche Aufgeschlossenheit der Kinder durch wahllose, mehr oder minder zufällige und willkürliche Software-Auswahl rasch. Ein eintöniges Computerprogramm ist jedenfalls keine Alternative zu einem langweiligen Arbeitsblatt.

Warum lernen die Kinder bei Frau Engel gerne mit Computern?

Christine Engel arbeitet nicht allein. Sie unterrichtet mit Marita Allendorf und Andreas Ehrenwirth in ihrer Klasse und stimmt sich regelmäßig ab. In der Klasse sind 25 Kinder, zwei so genannte Gutachtenkinder mit sonderpädagogischem Förderbedarf, sechs Kinder türkischer, zwei vietnamesischer und eins libanesischer Herkunft. Acht Kinder leben in Ein-Eltern-Haushalten, fünf haben arbeitslose Eltern, davon sind drei Kinder auf Sozialhilfe angewiesen. Die Kinder verfügen über eine Vielzahl an unterschiedlichen Hobbys und Interessen. Gerne bringen sie Gegenstände und Materialien mit in die Schule, die interessante Unterrichtsgespräche anregen. Das Leistungsspektrum umfasst je nach fachlichem Schwerpunkt die Rahmenplanvorgaben von mehr als drei Jahrgängen, die Vorgaben des folgenden Jahrgangs ebenso wie des vorherigen. Die Lernumgebung der Klasse 2 b vermittelt den Eindruck einer langen, gemeinsamen – nicht immer einfachen – Arbeit. Für Kinder, Lehrkräfte und Eltern gab es einige Umstellungen und Neuerungen, denn Erfahrungen und Erwartungen waren auf beiden Seiten nicht ohne Widerspruch.

Der Klassenraum hat verschiedene Bereiche, welche Christine Engel und die anderen Lehrkräfte gemeinsam mit den Kindern eingerichtet haben. Feste Regeln vermeiden Unterrichtsstörungen und bieten eine vielfältige Auswahl zum individuellen Lernen: In der Leseecke können die Kinder gemütlich lesen, dort darf nur ganz leise geflüstert werden, damit niemand beim Lesen gestört wird. In der Mathematikecke gibt es verschiedene Baukästen, Modelle und Geräte zum Wiegen, Messen. An den Gruppentischen darf in angemessener Lautstärke diskutiert werden, dort arbeiten die Kinder in Gruppen. Zum ruhigen Arbeiten sitzen manche Kinder auch im Flur und im Gruppenraum. Jeden Tag gibt es eine oder zwei Freiarbeitsstunden, in der die Kinder

Aufgaben nach dem Wochenplan bearbeiten. Dabei haben sie die Möglichkeit, selbständig die Lernbedingungen zu bestimmen.

In den ersten beiden Stunden findet so genannter Epochalunterricht statt. Zunächst wird im Stuhlkreis gemeinsam der Tagesablauf besprochen. Anschließend arbeiten die Kinder zu bestimmten Themen. Hierfür werden die Sachunterrichtsstunden sowie flexibel je nach inhaltlichen Schwerpunkten Stunden aus den Fächern Mathematik, Deutsch, Kunst und anderes eingebracht. Während des projektorientierten Unterrichts in den ersten beiden Stunden befinden sich immer zwei Lehrkräfte in der Klasse.

Die beiden Computer sind nicht mehr neu. Es handelt sich um einen drei Jahre alten Multimedia-PC sowie um einen älteren, ausrangierten Computer. Mit Elternunterstützung konnte der Arbeitsspeicher aufgerüstet und vom Förderverein noch ein gebrauchter Drucker hinzugekauft werden. Ohne Zweifel hätten alle lieber zwei neue Computer, aber selbst das ältere Gerät ist voll funktionstüchtig und erweist sich für Textverarbeitung, das Kalkulieren sowie für das Malen und Zeichnen als ausreichend.

Die Computer werden vor allem während des projektorientierten Unterrichts und in den Freiarbeitsstunden genutzt. Die Kinder arbeiten in Kleingruppen, in Partnerarbeit und auch einzeln am Computer. Sie schreiben, rechnen, malen, konstruieren, informieren sich oder spielen mit dem Computer. Dabei üben sie nicht nur die wichtigen klassischen Kulturtechniken, sondern darüber hinaus selbständiges und kooperatives Arbeiten. Die inhaltlichen Schwerpunkte, die Vorgehensweise, die Zusammensetzung der Arbeitsgruppe sowie die Formen der Hilfestellungen bestimmt jedes Kind mit. Lediglich die Computer-Arbeitszeiten mussten zur Vermeidung von Streit limitiert werden. Hierzu werden jede Woche in der Morgenrunde gemeinsam Uhrzeiten und Verantwortlichkeiten geplant. So ist jedes Kind in regelmäßigen Abständen zuständig und kann entscheiden, mit wem es gemeinsam am Computer arbeiten möchte.

Welche Software hilft den Kindern? – Tipps für die Auswahl

Für die Motivation der Kinder ist es wichtig, dass nützliche Arbeitsergebnisse angestrebt werden. Dabei liegt es auf der Hand: Das Textverarbeitungsprogramm ist sicherlich (nicht nur im Unterricht) die wichtigste Software auf dem Computer. Mit ihr können die Kinder unbefangen drauflostippen. Schreiben macht Spaß ... Fehler sind kein Problem, Korrekturen jederzeit möglich. Speichern, Laden und die tollen Schrifttypen steigern die Experimentierlust. Und dann gibt es auch noch die automatische Rechtschreibüberprüfung, die den selbst erstellten Text durchcheckt und Fehler anzeigt. Die zweitwichtigste Software im Unterricht ist ein Mal- und Zeichenprogramm, mit dem natürlich auch kunterbunte kleine Texte in Verbindung mit eigenen Bildern erstellt werden.

Zum Nachschlagen hat sich darüber hinaus ein Multimedia-Lexikon bewährt, für den Anfangsunterricht sowie für Kinder nichtdeutscher Herkunft idealerweise mit Sprachausgabe. Eine weitere Herausforderung ist schließlich eine Enzyklopädie. Fortgeschrittene Grundschulkinder markieren sich Bilder und Textpassagen, um sie in eine eigene Präsentation zu kopieren. Zum Rechnen und Konstruieren gibt es ebenfalls Programme, mit denen man nach eigenen Vorstellungen arbeiten kann. Lustig oder spannend wird es mit vielen Spielen, die zum Experimentieren und Herausfinden von komplexeren Problemen anregen.

All diese Programme verwenden die Kinder weitgehend selbständig. Im Team lernen sie außerdem, ergebnisorientiert ihre Lernprozesse und Arbeitsweisen mitzugestalten und in der Klassengemeinschaft zur Diskussion zu stellen.

Üben mit Trainingsprogrammen: Ja, aber nur mit didaktischem Konzept

Für einige Kinder reichen allerdings die sinnvolle Nutzung von Textverarbeitung und anderen anregenden Programmen nicht aus. Sie benötigen beispielsweise zum Training des kleinen 1 x 1 weitere Übungsmöglichkeiten. Neben wertvollen klassischen Unterrichtsmaterialien bietet auch hier der Computer konstruktive Hilfe. Allerdings ist nicht alles Gold, was glänzt. Zu oft werden Lernzuwächse in Aussicht gestellt, die allein durch das computergestützte Training nicht erfüllbar sind. Entscheidend ist ein überzeugendes didaktisches Konzept, das – entgegen häufiger Werbeversprechen – nur in wenigen Fällen vorliegt. Training macht letztendlich nur dann Sinn, wenn die notwendige Einsicht vorhanden ist. Wenn also kein Verständnis vorliegt, warum beispielsweise fünf multipliziert mit fünf 25 ist, dann erweist sich das Auswendiglernen des zutreffenden Ergebnisses als wenig nützlich. Gute Trainingssoftware bietet deshalb erkenntnisfördernde, möglichst auch alternative Hilfen an und lässt die Korrektur von fehlerhaften Lösungen zu. Um beim Beispiel zu bleiben: Dem einen hilft eine Hundertertafel eher als ein Balkendiagramm, andere wiederum lernen besser mit einem Zahlenstrahl das 1x1.

Insbesondere die Möglichkeit der Hilfe und selbsttätigen Korrektur bzw. unmittelbaren Eingabe der zutreffenden Lösung ist wichtig, denn sonst würde immer wieder das fehlerhafte Ergebnis haften bleiben (unzählige Male musste ich in meiner Schulzeit «Maschiene» und «Lockomotive» nach Diktaten berichtigen, weil ich unsicher war und es doch immer wieder falsch gemacht habe. Damals gab es noch keine «Jokerkarten», die man zum Nachsehen der richtigen Lösung einsetzen konnte ...).

Ein wichtiges Kriterium ist nicht zuletzt die gezielte Abstimmung der Software auf aktuelle deutsche Rahmenpläne und Schulbücher, die das selbstständige und eigenaktive Lernen deutlich priorisieren. Nicht akzeptabel sind hingegen billige Übersetzungen aus dem englischen oder französischen Sprachraum, bei denen zum Beispiel «Eidechse» als Wort für den Buchstaben «E» verwendet wird (während in Deutschland gebräuchliche Anlauttabellen z. B. «Esel» anwenden). Mit einem Blick ins Manual lässt sich rasch überprüfen, ob die Lern-Software in Zusammenarbeit mit kompetenten Fachdidaktikerinnen erstellt wurde. Wenn also das Trainieren ohne Sinn- und Sachzusammenhang notwendig erscheint, dann aber mit möglichst hoher didaktischer Qualität.

Und wie kommt Frau Engel immer wieder zu neuer Software?

Christine Engel ist sich mit den Eltern einig: Die Kinder sollen in der Schule und zu Hause mit Freude am Computer arbeiten. Die Eltern greifen gerne Tipps zur Anschaffung von Software auf. Und die Lehrerin ist gespannt, was die Kinder an neuen interessanten Programmen mitbringen.

Bald beginnt ein neues kleines Abenteuer für die Kinder, die Lehrkräfte und die Eltern: Dazu werden die Medienecken vernetzt, und so geht es im kommenden Schuljahr gemeinsam ins Internet.

Dr. Helmut Meschenmoser, promovierter Mediendidaktiker, Diplom-Sonderpädagoge, tätig am Berliner Landesinstitut für Schule und Medien und Moderator von www.Internet-Seepferdchen.de.

E-Mail: helmesch@wir-in-Berlin.de

Markus Schega

Lego lässt Roboter tanzen

Kinder bauen und programmieren Roboter mit Lego-Mindstorms

Er hat sich bereits in der Internationalen Raumstation ISS bewährt, wo er unter anderem schwerelos schwebende Gegenstände einsammeln sollte. Es muss ja nicht gleich so hoch hinausgehen, aber die Möglichkeiten der Lego-Mindstorms-Roboter sind tatsächlich nahezu grenzenlos, und es gibt immer mehr Konstruktionswettbewerbe, in denen erfolgreich mit ihnen gearbeitet wird.

Zunächst mal die Fakten: Das Robotics Invention System 2.0 enthält neben Software, Bauanleitung, Testparcours und Infrarotsender ganze 718 Legoteile und das Herzstück der kleinen selbständigen Maschinen: den RCX. Das ist ein programmierbarer Legobaustein, der es in sich hat. Es handelt sich um einen eigenständigen Mikrocomputer, der drei Ausgänge für die Steuerung von Motoren und drei Eingänge aufweist, an die die im Baukasten befindlichen Berührungs- und Lichtsensoren sowie Rotations- und Temperatursensoren angeschlossen werden können. Das Display des RCX liefert uns Informationen über den Betriebszustand. Vier Steuertasten und interne Sensoren (Zähler, Uhr, Infraroteinheit) kommen hinzu. Sechs im Boden untergebrachte Mignonzellen oder entsprechende Akkus, die leider nicht zum Lieferumfang gehören, sorgen für Energie. Noppen und Löcher am RCX erlauben eine stabile Verbindung mit anderen Legoelementen.

Und so geht es los

Programmiert wird am PC, die Daten wandern mit Hilfe des angeschlossenen Infrarotsenders in den RCX. Die Software führt anhand ausgewählter Modelle und ansprechend aufbereiteter Lerneinheiten in die Programmierung und den Bau von Robotern ein. Trainingslektionen regen zur Suche nach eigenen Problemlösungen an und vermitteln technische Basiskompetenzen, die das Abenteuer eigener Erfindungen vorbereiten. Das Programmieren ist relativ schnell zu erlernen, in seinen Möglichkeiten flexibel und auch für anspruchsvolle technische Probleme offen.

Anfänger fügen vorbereitete Module, so genannte große Blöcke, für bestimmte Modelle wie «vorwärts», «rückwärts», «links», «tanzen» am Bildschirm zusammen und weisen ihnen entsprechende Eigenschaften zu. So lernen die Kinder frühzeitig Prinzipien objektorientierter Programmierung kennen. Fortgeschrittene Benutzer verändern die Basismodule und entwickeln eigene. Die großen Blöcke lassen sich aufklappen und näher untersuchen. Beeindruckt stellt der User fest, dass sich der Befehl «Tanzen» aus 22 Modulen zusammensetzt, und will dann verstehen, wie er aufgebaut ist.

Wer tiefer einsteigen möchte, findet im Internet noch leistungsfähigere Programmiersprachen wie zum Beispiel NQC (not quite C) und zahlreiche Mindstorms-Bauanleitungen und Programme.

Lego hat verschiedene Ergänzungskästen im Angebot, die weitere Sensoren (Rotationsmessung) und Legoteile enthalten. Auch ein Set mit Fernbedienung wird angeboten.

So funktioniert Unterricht mit Robotern

Die weit reichende Funktionalität von Lego-Mindstorms und die differenziert aufgebauten Programmierungsmöglichkeiten erschließen Einsatzmöglichkeiten von der Grundschule bis in den Informatikunterricht der gymnasialen Oberstufe.

Erfahrungen zeigen, dass Viertklässler nach kurzer Zeit selbständig Roboter programmieren können. Wer sich mit den Online-Tutorials einarbeiten will, benötigt etwa vier Stunden. Diese Trainingseinheiten sind zwar für den Freizeitbereich entwickelt, erweisen sich aber im Unterricht als wertvolle Hilfen. Zu einer Medienecke im Klassenraum können vier Kinder mit einem Baukasten arbeiten. Für den binnendifferenzierten Unterricht wäre eine Kartei nützlich, die Aufgaben verschiedener Schwierigkeitsgrade enthält.

Wenn ein Modell fertig gestellt ist, sollte es mit unterschiedlichen Aufgaben durch die Arbeitsgruppe getestet werden. Hilfreich für die Auswertung der Schülerergebnisse ist es, wenn der User die Lösungswege in den Vordergrund stellt und Rituale entwickelt, wie diese vorgestellt, dokumentiert und diskutiert werden. Produktive Lernprozesse sind zu beobachten, wenn Schülergruppen die gleiche Aufgabenstellung mit unterschiedlichen Lösungen erfolgreich bearbeiten. Ein Testparcours, der auf der Rückseite einer Schullandkarte Platz findet, schafft gleiche Bedingungen für alle Roboter. Wenn die Klasse sich um dieses Spielfeld sammelt, wird es spannend. Welcher Roboter bewältigt den Slalomparcours, ohne die Hütchen umzustoßen? Welcher Roboter fegt am schnellsten alle Legosteine aus einem Feld? Welcher Malroboter zeichnet eine Windrose? Fällt der Miniroboter beim Tanzen um? Wenn mehrere Baukästen vorhanden sind, kommunizieren die RCX-Bausteine auch untereinander per Infrarot.

Und die Mädchen? Machen mit ...

Erfahrungen zeigen, dass Mädchen hoch motiviert mit Lego-Mindstorms arbeiten, allerdings müssen die Problemstellungen für sie interessant sein. Diese Erfahrungen werden durch Professorin Dr. Martha Cyr vom CEEO (Center for Engineering Educational Outreach) an der Tufts University (USA), die an der Entwicklung der Software beteiligt war, bestätigt. Dort wurden umfangreiche Erfahrungen mit Lego-Mindstorms an amerikanischen Schulen gesammelt. So berichtet Cyr von einem Unterrichtsprojekt, bei dem Roboter gebaut wurden, deren Sensoren die Fressgewohnheiten von Singvögeln in Futterhäuschen gemessen haben. Verändern diese sich bei anderen Fütterungszeiten? Können Vögel lernen?

Menschenkinder können mit Mindstorms sehr viel lernen – es bleibt zu hoffen, dass auch Schulen zunehmend diese Chancen nutzen.

Die Quintessenz

Lego hat mit potenten Partnern aus der Wissenschaft das ehrgeizige Ziel erreicht, ein Spielzeug zu entwickeln, das Kindern wie Jugendlichen weit reichende Möglichkeiten zur Lösung technischer Probleme bietet und Teamarbeit und Kreativität fördert. Obschon 240 € für ein Geschenk oder vier Baukästen für die Schule viel Geld sind, ist die Anschaffung jeder Schule für einen zukunftsweisenden Unterricht zu empfehlen.

Mindstorms im Web:

Offizielle Homepage mit Community
www.mindstorms.lego.com/

Das Center for Engineering Educational Outreach at Tufts University
www.ceeo.tufts.edu/

LEGO League ist ein Programm für Kinder und Jugendliche zwischen zehn und 16 Jahren, das Wissenschaft und Fun verbindet. Grundlage des Wettbewerbs sind LEGO-MINDSTORMS-Produkte.
www.legoleague.org/de/

Markus Schega ist Lehrer an der www.hunsrueck-grundschule.de *in Berlin-Kreuzberg und Moderator von* www.wir-in-berlin.de.
E-Mail: mschega@web.de

Anbieteradressen

A 1 Software International Sales & Marketing GmbH & Co. KG
Südring 23
33332 Gütersloh
Tel.: 0 52 41 / 50 05 00
Fax: 0 52 41 / 5 00 50 99
info@a-1-software.de
www.a-1-software.de

Arbeitsgemeinschaft Friedenspädagogik e. V.
Untere Weidenstraße 12
81543 München
Tel.: 0 89 / 6 51 82 22
Fax: 0 89 / 66 86 51
info@fassmichnichtan.de
www.fassmichnichtan.de

AOL-Verlag Frohmut Menze GmbH
Waldstraße 18
77839 Lichtenau-Scherzheim
Tel.: 0 72 27 / 9 58 80
Fax: 0 72 27 / 95 88 95
info@aol-verlag.de
www.aol-verlag.de

Bibliographisches Institut & F. A. Brockhaus AG
Dudenstraße 6
68167 Mannheim
Tel.: 06 21 / 39 01 01
Fax: 06 21 / 3 90 13 91
hotline@bifab.de
www.bifab.de

CES Verlag Gmbh – Computer Education Systems Gmbh
Kleinschmidtstraße 35
69115 Heidelberg
Tel.: 0 62 21 / 2 79 89
Fax: 0 62 21 / 18 20 30
cesar@ces-verlag.de
www.ces-verlag.de

Computer & Lernen
Im Eichelgarten 49
76530 Baden-Baden
Tel.: 0 74 54 / 4 02 84
Fax: 0 72 21 / 27 10 41
info@comundlern.de
www.comundlern.de

Cornelsen Verlag
Mecklenburgische Straße 53
14197 Berlin
Tel.: 01 80 / 1 21 20 20
Fax: 01 80 / 1 21 20 12
c-mail@cornelsen.de
www.cornelsen.de

Directmedia Publishing GmbH
Yorckstraße 59
10965 Berlin
Tel.: 030 / 7 89 04 60
Fax: 030 / 78 90 46 99
info@directmedia.de
www.directmedia.de

dtp digital tainment pool GmbH
Usedomstraße 19
22047 Hamburg
Tel.: 040 / 6 69 91 00
Fax: 040 / 66 99 10 10
pr@dtp-ag.com
www.dtp-ag.com,
www.tim7.de

Eduxx GmbH
Martin-Luther-Straße 55
71636 Ludwigsburg
Tel.: 0 71 41 / 97 44 82 30
Fax: 0 71 41 / 97 44 82 38
info@eduxx.de
www.eduxx.de

Engel Edition – Verlag für Kinder-Lernsoftware
Augsburgerstraße 43
82110 Germering / München
Tel.: 089 / 89 68 98 06
Fax: 089 / 89 40 46 35
post@engeledition.de
www.engeledition.de

FWU – Institut für Film und Bild in Wissenschaft und Unterricht
Bavariafilmplatz 3
82031 Grünwald
Tel.: 089 / 6 49 71
Fax: 089 / 6 49 72 40
info-fwu@t-online.de
www.fwu.de

HEUREKA Klett Softwareverlag GmbH
Rotebühlstraße 77
70178 Stuttgart
Tel.: 07 11 / 6 67 20
Fax: 07 11 / 66 72 20 25
HEUREKA-Klett@klett-mail.de
www.klett-verlag.de/heureka

KOCH Media Deutschland GmbH
Lochhamer Straße 9
82152 Planegg / München
Tel.: 089 / 85 79 51 20

Fax: 089 / 85 79 51 60
hotline@kochmedia.com
www.kochmedia.com

Langenscheidt KG
Mies-van-der-Rohe-Straße 1
80807 München
Tel.: 089 / 36 09 63 33
Fax: 089 / 36 09 62 22
kundenservice@langenscheidt.de
www.langenscheidt.de

Lego GmbH
Martin-Kollar-Straße 17
81829 München
Tel.: 089 / 45 34 60
Fax: 089 / 45 34 61 40
lego-ce@europe.lego.com
www.lego.com

lernklick.ch
c / o Andres Streiff-Staub
Im Büel 4
CH-8750 Glarus
Tel.: 00 41 / (0)5 56 40 / 28 33
Fax: 00 41 / (0)5 56 40 / 28 33
andres.streiff@lernklick.ch
www.lernklick.ch

lernspiele.at
c / o Otto Mantler
Wiesstraße 13
A-6844 Altach
Tel.: 00 43 / (0) 55 76 / 7 70 85
Fax: 00 43 / (0) 55 76 / 7 70 85
otto.mantler@blackboard.at
www.lernspiele.at

MACH MIT: Multimediale Bildung e. V.
c / o Marianne Handke
Trachenbergring 8
12249 Berlin
Fax: 030 / 6 06 72 10
Kontaktformular auf der Webseite
www.bauwas.de

MAGIX AG
Rotherstraße 19
10245 Berlin
Tel.: 030 / 29 39 20
Fax: 030 / 29 39 24 00
infoservice@magix.net
www.magix.com

Max Hueber Verlag
Max-Hueber-Straße 4
85737 Ismaning
Tel.: 0 18 05 / 48 32 37
Fax: 089 / 9 60 22 86
kundenservice@hueber.de
www.hueber.de

microsoft cooperation
Edisonstraße 1
85716 Unterschleißheim
Tel.: 089 / 3 17 60
Fax: 089 / 31 76 10 00
www.microsoft.de, www.encarta.msn.de

Medienwerkstatt Mühlacker
Pappelweg 3
75417 Mühlacker
Tel.: 0 70 41 / 8 33 43
Fax: 0 70 41 / 86 07 68
support@medienwerkstatt-online.de
www.medienwerkstatt-online.de

Oldenbourg Schulbuchverlag GmbH und Bayerischer Schulbuch Verlag GmbH
Rosenheimer Str. 145
81671 München
Tel.: 089 / 45 05 10
Fax: 089 / 45 05 12 00
info@oldenbourg-bsv.de
www.oldenbourg.de

R. Brockhaus Verlag GmbH & Co. KG
Champagne 7
42781 Haan
Tel.: 0 21 04 / 96 86 00
Fax: 0 21 04 / 96 78 80
info@brockhaus-verlag.de
www.brockhaus-verlag.de

Schroedel Verlag GmbH
Hildesheimer Straße 202–206
30519 Hannover
Tel.: 05 11 / 8 38 80
Fax: 05 11 / 8 38 83 43
sco@schroedel.de
www.schroedel.de

SWR – Schulfernsehen multimedial, Bezug über: Landesmedienzentrum Baden-Württemberg (Standort Stuttgart)
Rotenbergstraße 111
70190 Stuttgart
Tel.: 07 11 / 2 85 06
Fax: 07 11 / 2 85 07 80
Wizadora@swr.de
www.wissen.swr.de

Terzio Möllers & Bellinghausen Verlag GmbH
Heilmannstraße 15
81479 München
Tel.: 089 / 48 08 85 22
Fax: 089 / 48 99 78 23
Hotline: 0 18 05 / 5 58 86 61
andrea.ziemsen@terzio.de
www.terzio.de

Konrad Theiss Verlag GmbH
Mönchhaldenstraße 28
70191 Stuttgart
Tel.: 07 11 / 25 52 70
Fax: 07 11 / 2 55 27 17
service@theiss.de
www.theiss.de

Tivola Verlag GmbH
Münzstraße 19
10178 Berlin
Tel.: 030 / 5 36 35 80
Fax: 030 / 53 63 58 11
mail@tivola.de
www.tivola.de

TLC The Learning Company Deutschland GmbH
Keltenring 12
82041 Oberhaching
Tel.: 089 / 14 82 70
Fax: 089 / 14 82 74 00
hotline@learningco.com
www.learningco.de

Über Stock und Stein – Kristina Steinert und Alexander Stockmann GbR
Fürstenrieder Straße 5
82152 Planegg
info@kratzundbuerste.de
www.kratzundbuerste.de

United Soft Media GmbH
Thomas-Wimmer-Ring 11
80539 München
Tel.: 089 / 29 08 80
Fax: 089 / 29 08 81 60
info@usm.de
www.usm.de

Vivendi Universal Interactive Publishing Deutschland GmbH
Paul-Ehrlich-Straße 1
63225 Langen
Tel.: 0 61 03 / 9 94 00
Fax: 0 61 03 / 9 94 09 35
www.vivendi-universal-interactive.de,
www.addy.de

Westermann Lernspielverlag GmbH
Postfach 4929
38039 Braunschweig
Tel.: 05 31 / 70 87 63
Fax: 05 31 / 70 87 64
lernspiel@westermann.de
www.westermann.de

Hans Zybura Software
Waldquellenweg 52
33649 Bielefeld
Tel.: 05 21 / 9 45 72 90
Fax: 05 21 / 9 45 72 92
info@zarb.de
www.zarb.de

Reihentitel

... für Kids (je 49,90 €, HEUREKA Klett)
Englisch für Kids – spielerisch Englisch lernen (3-12-133111-6)
Französisch für Kids – spielerisch Französisch lernen (3-12-133213-9)

100 % Kids (je 15,31 €, TLC)
Billi Banni: Interaktive Rechenreise & Interaktive Lesereise (3-89627-468-6)
Teletubbies (3-89627-471-6)
Billi Banni – Mathe 6–9 Jahre (3-89627-170-9)
Billi Banni – Für unsere Kleinsten (3-89627-257-8)
Darby, der Drache & Gregor und der Heißluftballon (3-89627-427-9)
Es war einmal ... das Leben (3-89627-474-0)
Living Books – Nur Oma und ich & Sheila Rae, die Mutige & Harry und das Geisterhaus (3-89627-465-1)
Im Land der Wommel – Abenteuer im Wald (3-89627-426-0, 20,43 €)
Im Land der Wommel – Abenteuer auf der Insel (3-89627-458-9)
Wo steckt Carmen Sandiego? Junior Edition & Mathe Workshop (3-89627-463-5)

ADDY Buschu (je 24,95 €, Vivendi Universal)
Auf dem Lande (2-84226-428-2)
Am Meer (2-84226-427-4)

ADDY 5.0 Teens (je 44,95 €, Vivendi Universal)
Deutsch 5 + 6 (2-84226-409-6)
Deutsch 7 + 8 (2-84226-408-8)
Englisch 6. Klasse (2-84226-439-8)
Englisch 7. Klasse (2-84226-440-1)
Englisch 8. Klasse (2-84226-441-X)
Mathe Klasse 5 + 6 (2-84226-413-4)
Mathe Klasse 7 + 8 (2-84226-414-2)

Alfons' Abenteuer (je 19,95 €, Schroedel)
Deutsch 1 – Die Suche nach den Hitzemonstern (3-507-60031-5)
Deutsch 2 – Alfons und der Zauberfluch (3-507-60032-3)
Deutsch 3 – Verschollen im Inselparadies (3-507-60033-1)
Deutsch 4 – Die Jagd nach dem Pharaonenschatz (3-507-60034-X)
Deutsch 5 – Der Wettlauf durch das Datenlabyrinth (3-507-60035-8)
Deutsch 6 – Der geheimnisvolle Bilderraub (3-507-60036-6)
Englisch 3 – Verschollen im Inselparadies (3-507-60053-6)
Englisch 4 – Die Jagd nach dem Pharaonenschatz (3-507-60054-4)
Englisch 5 – Der Wettlauf durch das Datenlabyrinth (3-507-60055-2)
Englisch 6 – Der geheimnisvolle Bilderraub (3-507-60056-0)
Mathematik 1 – Die Suche nach den Hitzemonstern (3-507-60041-2)
Mathematik 2 – Alfons und der Zauberfluch (3-507-60042-0)
Mathematik 3 – Verschollen im Inselparadies (3-507-60043-9)
Mathematik 4 – Die Jagd nach dem Pharaonenschatz (3-507-60044-7)
Mathematik 5 – Der Wettlauf durch das Datenlabyrinth (3-507-60045-5)
Mathematik 6 – Der geheimnisvolle Bilderraub (3-507-60046-3)

Auftrag Deutsch (je 49,95 €, Cornelsen)
5. Klasse (3-464-90063-0)
6. Klasse (3-464-90064-9)
7. Klasse (3-464-60032-7)
8. Klasse (3-464-60033-5)

Bioscopia (je 49,90 €, HEUREKA Klett)
CDs (3-12-135054-4)
DVD (3-12-135055-2)

CESAR (CES Verlag)
Schreiben 1.0 (2.–4. Klasse) (3-933651-02-6, 99,50 €)
Schreiben 2.0 (4.–6. Klasse) (3-933651-04-2, 99,50 €)
Lesen 1.1 (2.–4. Klasse) (3-933651-01-8, 99,50 €)
HOME- Lesen und Schreiben (2.–4. Klasse) (3-933651-03-4, 49,50 €)

Chemicus (je 49,90 €, HEUREKA Klett)
CDs (3-12-135060-9)
DVD (3-12-135061-7)

Clever Lernen (je 34,90 bzw. 49,90 €, HEUREKA Klett)
Diktat Französisch 2./3. Lernjahr (3-12-143214-1)
Diktat Englisch 2./3. Lernjahr (3-12-143113-7)
Diktat Deutsch als Fremdsprache (3-12-133013-6)
Latinum ex machina 3.0 (3-12-140141-6)
Mathe lernen Schritt für Schritt – Bruchrechnen (3-12-141042-3)
Cinderella – Die interaktive Geometriesoftware (3-12-136095-7)
Ali – Der Mathemaster 2.0 (3-12-141049-0)

Der Bär im großen blauen Haus (je 24,95 €, Vivendi Universal)
Das große Abenteuer (2-84226-433-9)
Spiel mit mir! (2-84226-433-9)

Der Stein der Weisen (Eduxx)
Basisspiel (3-935753-00-4, 25,80 €)
Special Edition: Bibel 1 (3-935451-03-2, 25, 80 €)
Special Edition: Kids & Bikes (3-935753-10-1, 25, 80 €)
Special Edition: Verein Sicherer Schulweg e.V. (19,90 €)
QM?!Quizmaster – Starter (3-935753-50-0, 45,90 €)
QM?!Quizmaster – professionell (3-935753-60-8, 80,90 €)

Die CD-ROM mit der Maus (je 24,95 €, Tivola)
Die CD-ROM mit der Maus 1 (3-931372-96-0)
Die CD-ROM mit der Maus 2 (3-934789-06-4)
Die CD-ROM mit der Maus 3 (3-89887-003-0)

Die PC-Lernbox von AOL (je 19,90 €, AOL-Verlag)
Fit für die Börse (3-89111-610-1)
Grundwissen Politik (3-89111-614-4)
Grundwortschatz Englisch (3-89111-611-X)
Bruchrechnen 1 (3-89111-623-3)
Bruchrechnen 2 (3-89111-624-1)
Grundwissen Biologie (3-89111-619-5)
Grundwissen Chemie (3-89111-618-7)
Grundwissen Allgemeinbildung (3-89111-609-8)
Grundwissen Deutsch (3-89111-615-2)
Grundwissen Geschichte (3-89111-613-6)
Grundwortschatz Französisch (3-89111-612-8)
Grundwortschatz Italienisch (3-89111-626-8)
Grundwortschatz Spanisch (3-89111-621-7)

Digitale Bibliothek (Directmedia Publishing)
Band 1: Deutsche Literatur von Lessing bis Kafka (3-89853-100-7, 49,90 €)
Band 20: Deutsche Einheit (3-89853-121-X, 29,90 €)
Band 33: Großes Sängerlexikon (3-89853-133-3, 99,90 €)
Band 37: Lexikon der Weltarchitektur (3-89853-137-6, 34,90 €)
Band 38: Brockhaus-Riemann Musiklexikon (3-89853-138-4, 49,90 €)
Band 43: Lexikon der Kunst (3-89853-143-0, 129,90 €)
Band 45: Deutsche Literatur von Frauen (3-89853-145-7, 49,90 €)
Band 46: Der Koran (3-89853-146-5, 34,90 €)
Band 52: Reclams Opernlexikon (3-89853-152-X, 29,90 €)
Band 55: Geschichte des Altertums (3-89853-155-4, 99,90 €)
Band 58: Max Weber – Gesammelte Werke (3-89853-158-9, 49 €)
Band 60: MGG – Musik in Geschichte und Gegenwart (3-89853-160-0, 254 €)
Band 62: Wander – Deutsches Sprichwörterlexikon (3-89853-162-7, 99,90 €)
Band 66: Der Erste Weltkrieg in deutschen Bildpostkarten (3-89853-166-X, 24,90 €)

disco (je 74,95 €; Cornelsen)
1. Lernjahr (3-464-91311-2)
2./3. Lernjahr (3-464-91313-9)

Emil und Pauline ... (je 16,90 €, United Soft Media)
in der Burg – Deutsch und Mathe für die 1. Klasse (3-8032-4101-4)
in der Antarktis – Deutsch und Mathe für die 3. Klasse (3-8032-4107-3)
auf Safari – Deutsch und Mathe

für die 5. Klasse (3-8032-4109-X)
in der Geisterbahn – Rechtschreibung und Grundwortschatz (3-8032-4122-7)
auf dem Bauernhof – Lernspaß für die Vorschule (3-8032-4110-3)
in England – My first English (3-8032-4110-3)
bei den Indianern – Lustige Lernspiele (3-8032-4121-9)
bei den Piraten – 1 x 1 Rechenspiele (3-8032-4123-5)
in der Südsee – Deutsch und Mathe für die 2. Klasse (3-8032-4102-2)
bei den Räubern (3-8032-4125-1)
im Zoo (3-8032-4124-3)

Europäischer Computerführerschein (je 16,90 €, Cornelsen)
Band 1: Computer-ABC (3-589-21469-4)
Band 2: Windows (3-589-21470-8)
Band 3: Word (3-589-21471-6)
Band 4: Excel (3-589-21472-4)
Band 5: Access (3-589-21473-2)
Band 6: Powerpoint (3-589-21474-0)
Band 7: Internet (3-589-21475-9)
Band 1–7: (3-589-21662-X) 99 €

Kennst du ... (je 34,90 €, HEUREKA Klett)
Europa? (3-12-131754-7)
die Welt? (3-12-131755-5)
Deutschland? (3-12-131753-9)

Kids entdecken ... (um 20 €, KOCH Media)
den menschlichen Körper (3-85323-529-8)
die Naturwissenschaften (3-85323-528-X)
die Geschichte (3-85323-530-1)

Langenscheidts Fachwörterbücher Kompakt (je 49,90 €, Langenscheidt)
Biologie (3-86117-169-4)
Medizin (3-86117-151-1)
Technik Routledge (3-86117-152-X)
Maschinenbau (3-86117-170-8)

Langenscheidts Pop-up Wörterbücher
Wörterbuch Englisch – Deutsch 3.0 (3-468-90609-9, 35,90 €)
Fachwörterbuch Technik (3-86117-173-2, 159 €)
Fachwörterbuch Medizin (3-86117-178-3, 159 €)
Fachwörterbuch Elektrotechnik und Elektronik (3-86117-153-8, 99 €)
Fachwörterbuch Mikroelektronik-Telekommunikation (3-86117-177-5, 159 €)
Fachwörterbuch Wirtschaft (3-86117-174-0, 159 €)

Leichter Lernen – Multimedia Seminar (15,24 bzw. 20,43 €, KOCH Media)
Internet (3-85140-104-2)
WinOnCD 3.8 (3-85140-108-5)
Windows ME (3-85140-106-9)
Office 2000 (3-85140-102-6)
Windows ME Tipps & Tricks (3-85140-110-7)
Excel & Word XP-Paket (3-85140-132-8)
Photoshop LE (3-85140-122-0)
XP (3-85140-126-3)
Windows XP Tipps & Tricks (3-85140-128-X)
Office XP (3-85140-124-7)
Office 2000 & Internet-Paket (3-85140-130-1)

Lernen macht Spaß (je 26 €, Terzio)
1. Klasse – Auf dem Bauernhof (3-932992-85-7)
4. Klasse – Im Dschungel (3-932992-88-1)

LiteraMedia (je 19,95 €, Cornelsen)
Bertolt Brecht – Mutter Courage und ihre Kinder (3-464-61346-1)
Hermann Hesse – Der Steppenwolf (3-464-61348-8)
Franz Kafka – Der Prozess (3-464-61352-6)
Max Frisch – Biedermann und die Brandstifter (3-464-61357-7)
Ödön von Horvath – Geschichten aus dem Wiener Wald (3-464-61360-7)

Löwenzahn (je 26 €, Terzio)
Löwenzahn – Kinder Lexikon (3-932992-95-4)
Löwenzahn 1 + 2 im Doppelpack (3-932992-74-1)
Löwenzahn 3 – Die Wetterbox (3-932992-72-5)
Löwenzahn 4 (3-932992-33-4)
Löwenzahn 5 (3-932992-34-2)

MatheBits (je 36 €, Westermann)
Bruchrechnen – 5. / 6. Schuljahr (3-14-362001-3)
Dreisatz, Prozente, Zinsen – 7. / 8. Schuljahr (3-14-362002-1)

Meyerscout 2002 (je 25,54 €, Bibliographisches Institut)
CDs (3-411-71442-5)
DVD (3-411-71442-5)

Oberstufe ... (je 39,90 €, HEUREKA Klett)
Mathematik – AbiTour Analysis (3-12-136096-5)
Englisch – 6000 Vokabeln zu allen Themen (3-12-145015-8)
Französisch – 5000 Vokabeln zu allen Themen (3-12-145028-X)

Pong Pong ... (je 19,95 €, A 1 Software)
entdeckt den menschlichen Körper (3-934832-69-5)
rettet die verlorene Welt (3-934832-67-9)
in der Welt der Zukunft (3-934832-68-7)

Ponky II Gezielt (je 35,95 €, Engel Edition)
Deutsch – 1. + 2. Klasse (3-932258-36-3)
Deutsch – 3. + 4. Klasse (3-932258-30-4)
Deutsch – 5. + 6. Klasse (3-932258-31-2)
Englisch – 5. + 6. Klasse (3-932258-34-7)
Mathe – 1. + 2. Klasse (3-932258-35-5)
Mathe – 3. + 4. Klasse (3-932258-32-0)
Mathe – 5. + 6. Klasse (3-932258-33-9)

Power Leaming (je 19,95 €)
Mathematik – 5. Klasse (3-589-21514-3)
Mathematik – 6. Klasse (3-589-21515-1)
Mathematik – 7. Klasse (3-589-21517-8)
Deutsch – 5. Klasse (3-589-21500-3)
Deutsch – 6. Klasse (3-589-21501-1)
Deutsch – 7. Klasse (3-589-21503-8)
Deutsch – 8. Klasse (3-589-21505-4)
Englisch – 5. Klasse (3-589-21508-9)
Englisch – 6. Klasse (3-589-21509-7)
Englisch – 7. Klasse (3-589-21510-0)
Englisch – 8. Klasse (3-589-21511-9)

Rechenrabe (je 49,90 €, HEUREKA Klett)
Rechenrabe 3: Auf dem Meeresgrund (3-12-238003-X)
Rechenrabe 4: In der Alpenlandschaft (3-12-238004-8)

Syracuse English Learning Course (Vivendi Universal)
Beginner (2-84226-375-8, 34,95 €)
Intermediate (2-84226-376-6, 34,95 €)
Advanced (2-84226-377-4, 34,95 €)
Business (2-84226-378-2, 89,95 €)

Systhema (United Soft Media)
Kindlers Neues Literatur-Lexikon (3-634-99900-4, 302,50 €)
Der große Kosmos 3D Globus (3-8032-2705-4, 40,90 €)
Der Fischer Weltalmanach 2002 (3-8032-2724-0, 19,90 €)
Kosmos Kompakt Wissen 2002 (3-8032-2740-2, 24,90 €)
Theaterlexikon (3-634-23217-X, 65,90 €)
Weinlexikon (3-634-23235-8, 25,50 €)

Systhema Classics (zwischen 15 und 20 €, United Soft Media)
Thomas Mann – Die interaktive Biographie (3-8032-2908-1)
Das Wetter (3-634-26018-1)
Einstein – Die Welt des Genies (3-634-26004-1)
Route 66 – Straße der Sehnsucht (3-8032-2502-7)
Faszinierende Welt der Vögel (3-634-26013-0)
Wunderwelt der Tiere – Expedition ins Reich der Tiere (3-8032-6372-7)
Atlas der Frühgeschichte (3-8032-2510-8)
Tutanchamun – Die Entdeckung des Alten Ägypten (3-8032-2512-4)

Systhema e-Lexikon (je 20,50 €, United Soft Media)
Band 1: Das neue Universallexikon (3-8032-2886-7)
Band 2: Lexikon der deutschen Literatur (3-8032-2883-2)

Band 3: Knaur Schauspielführer (3-8032-2882-4)
Band 4: Metzler Komponistenlexikon (3-8032-2880-8)
Band 5: Rockmusiklexikon (3-8032-2881-6)
Band 6: Puntsch Zitatenhandbuch (3-8032-2884-0)

Tell me more kids – Englisch kinderleicht mit Julius und Calico (Cornelsen)
Level 1: Around the House (3-464-31008-6, 29,95 €)
Level 2: Around the Town (3-464-31009-4, 39,95 €)
Level 3: Around the World (3-464-31010-8, 39,95 €)

Theiss Geschichtsmomente (Theiss)
Pergamon (3-8062-1482-4, 36,00 €)
Das Römische Reich (3-8062-1610-X, 19,90 €)
Troia (3-8062-1573-1, 14,90 €)
In den Wirren des Bauernkrieges (3-8062-1561-8, 36 €)
Burgen (3-8062-1466-2, 36 €)
Rittertum und Mittelalter (3-8062-1468-9, 36 €)
Kult- und Opferplätze in Deutschland (3-8062-1371-2, 24,90 €)
Der Limes (3-8062-1405-0, 14,90 €)

Tim 7 und ... (je 35,99 €, dtp)
der verirrte Kurier – Englisch (5. Klasse) (3-935917-37-6)
die Erinnerungen eines Vergessenen – Englisch (6. Klasse) (3-935917-38-4)
der Schatz des Piraten – Mathe (3. Klasse) (3-935917-10-4)
die Mathekrieger von Polynesien – Mathe (4. Klasse) (3-935917-11-2)
die afrikanischen Zauberkräuter – Mathe (5. Klasse) (3-935917-12-0)
der Fluch der Voodoohexe – Mathe (6. Klasse) (3-935917-13-9)
das Geheimnis der entführten Katze – Deutsch (3. Klasse) (3-935917-06-6)
der Flug des Monsterdrachen – Deutsch (4. Klasse) (3-935917-07-4)
der Auftrag aus Hollywood – Deutsch (5. Klasse) (3-935917-08-2)
das Rätsel der verschwundenen Fische – Deutsch (6. Klasse) (3-935917-09-0)

TopLingua – Kommunikationstrainer (je 10,20 €, KOCH Media)
Englisch (3-577-11408-8)
Spanisch (3-577-11410-X)
Französisch (3-577-11409-6)
Italienisch (3-577-11411-8)

Ursula Lauster (je 12,90 €, United Soft Media)
Ursula Lauster – Sprachspiele für die
1. Klasse (3-8032-4220-7)
2. Klasse (3-8032-4212-6)
3. Klasse (3-8032-4216-9)
4. Klasse (3-8032-4217-7)
Ursula Lauster – Rechenspiele für die
1. Klasse (3-8032-4213-4)
2. Klasse (3-8032-4214-2)
3. Klasse (3-8032-4218-5)
4. Klasse (3-8032-4219-3)
Ursula Lauster – Englischspiele ab 7 Jahren (3-8032-4221-5)
Ursula Lauster – Legasthenie-spiele ab 7 Jahren (3-8032-4220-7)

Zauberwald (je 15,31 €, KOCH Media)
Zauberwald 1 (3-85323-537-9)
Zauberwald 2 (3-85323-538-7)
Zauberwald 3 (3-85323-539-5)
Zauberwald 4 (3-85323-540-9)